Dieses Taschenbuch enthält elf Novellen von Guy de Maupassant (1850–1893), Kabinettstücke seiner Erzählkunst.

Themen, Gegenstände, Probleme – schlicht alltäglich oder schier unwahrscheinlich – sind für den Meister-Erzähler nur Anlässe, Herausforderungen. Das eigentliche Geschichten-Geschehen ist die Dramaturgie: Wann und wie werden die Knoten geknüpft, wann und wie werden sie aufgelöst ... In diesem Handwerk ist Maupassant unübertroffen.

Interessant sind aber schon auch die Inhalte: Klatsch und Tratsch des Fin de siècle; der siebziger Krieg; das Bauernleben – auch – in seiner Brutalität; Liebe und Ehe in bürgerlich biederer wie in archaischer, existentieller Dimension; die ausweglose Lage kleiner Leute; die großartige neue Welt der Maschinen ...

Dem französischen Originaltext ist in Paralleldruck eine deutsche Übersetzung gegenübergestellt.

dtv zweisprachig · Edition Langewiesche-Brandt

GUY DE MAUPASSANT

NOUVELLES CLASSIQUES

MEISTERERZÄHLUNGEN

Auswahl und Übersetzung von Ulrich Friedrich Müller

dtv

Deutscher Taschenbuch Verlag

Deutscher Taschenbuch Verlag GmbH & Co. KG, München
Januar 1988. 7.–9. Tausend April 1989
Rechte an der Übersetzung bei Langewiesche-Brandt,
Ebenhausen bei München
Umschlaggestaltung: Celestino Piatti
Gesamtherstellung: Kösel, Kempten
ISBN 3-423-09246-7. Printed in Germany

Inhaltsverzeichnis

Disons qu'elle s'appelait Mme Anserre, pour qu'on ne découvre point son vrai nom.

C'était une de ces comètes parisiennes qui laissent comme une traînée de feu derrière elles. Elle faisait des vers et des nouvelles, avait le cœur poétique et était belle à ravir. Elle recevait peu, rien que des gens hors ligne, de ceux qu'on appelle communément les princes de quelque chose. Être reçu chez elle constituait un titre, un vrai titre d'intelligence; du moins on appréciait ainsi ses invitations.

Son mari jouait le rôle de satellite obscur. Être l'époux d'un astre n'est point chose aisée. Celui-là cependant avait eu une idée forte, celle de créer un État dans l'État, de posséder son mérite à lui, mérite de second ordre, il est vrai; mais enfin, de cette façon, les jours où sa femme recevait, il recevait aussi; il avait son public spécial qui l'appréciait, l'écoutait, lui prêtait plus d'attention qu'à son éclatante compagne.

Il s'était adonné à l'agriculture; à l'agriculture en chambre. Il y a comme cela des généraux en chambre, – tous ceux qui naissent, vivent et meurent sur les ronds de cuir du ministère de la guerre, ne le sont-ils pas? – des marins en chambre, – voir au ministère de la marine, – des colonisateurs en chambre, etc., etc. Il avait donc étudié l'agriculture, mais il l'avait étudiée profondément, dans ses rapports avec les autres sciences, avec l'économie politique, avec les arts, – on met les arts à toutes les sauces, puisqu'on appelle bien «travaux d'art» les horribles ponts des chemins de fer. Enfin il était arrivé à ce qu'on dît de lui: «C'est un homme fort.» On le citait dans les Revues techniques; sa femme avait obtenu qu'il fût nommé membre d'une commission au Ministère de l'Agriculture.

Cette gloire modeste lui suffisait.

Der Kuchen

Nennen wir sie Madame Anserre, damit man ihren wahren Namen nicht erfahren möge.

Sie gehörte zu jenen Pariser Damen, die wie ein Komet auftauchen und einen feurigen Schweif hinter sich herziehen. Sie verfaßte Verse und Novellen, hatte eine poetische Seele und war hinreißend schön. Sie empfing nur wenige, ganz außerordentliche Menschen, die man gewöhnlich die «Könige» von irgend etwas nennt. Bei ihr empfangen zu werden bedeutete einen Adelstitel, einen wahren Adelstitel der Intelligenz; jedenfalls wurden ihre Einladungen so gewertet.

Ihr Gatte spielte die Rolle des unbedeutenden Satelliten. Es ist nicht leicht, der Ehemann eines solchen Gestirns zu sein. Dieser aber hatte einen sehr guten Einfall gehabt. Er bildete einen Staat im Staate und hatte seine eigenen Verdienste, zweitrangige Verdienste zwar, aber immerhin: Wenn seine Frau empfing, empfing er auch; er hatte sein besonderes Publikum, das ihn schätzte, ihm zuhörte und ihm mehr Aufmerksamkeit schenkte als seiner strahlenden Gefährtin.

Er hatte sich der Landwirtschaft gewidmet, der Salonlandwirtschaft. Es gibt ja auch Salongeneräle (oder zählen etwa nicht alle dazu, die auf den Stuhlkissen des Kriegsministeriums geboren werden, leben und sterben?), Salonseeleute (man schaue sich im Marineministerium um), Salonkolonisatoren usw., usw. Er hatte also die Landwirtschaft studiert, aber er hatte sie auch wirklich gründlich studiert, im Zusammenhang mit den anderen Naturwissenschaften, mit der Volkswirtschaft, mit der Kunst – man redet ja jetzt bei jeder Gelegenheit von Kunst, nennt sogar die abscheulich häßlichen Eisenbahnbrücken «Kunstbauten». Kurz und gut, er hatte erreicht, daß man von ihm sagte: «Das ist ein beschlagener Mann.» Man zitierte ihn in den Fachzeitschriften, und seine Frau hatte erwirkt, daß er zum Mitglied einer Kommission im Landwirtschaftsministerium ernannt wurde.

Dieser bescheidene Ruhm genügte ihm.

Sous prétexte de diminuer les frais, il invitait ses amis le jour où sa femme recevait les siens, de sorte qu'on se mêlait, ou plutôt non, on formait deux groupes. Madame, avec son escorte d'artistes, d'académiciens, de ministres, occupait une sorte de galerie, meublée et décorée dans le style Empire. Monsieur se retirait généralement avec ses laboureurs dans une pièce plus petite, servant de fumoir, et que Mme Anserre appelait ironiquement le salon de l'Agriculture.

Les deux camps étaient bien tranchés. Monsieur, sans jalousie, d'ailleurs, pénétrait quelquefois dans l'Académie, et des poignées de main cordiales étaient échangées; mais l'Académie dédaignait infiniment le salon de l'Agriculture, et il était rare qu'un des princes de la science, de la pensée ou d'autre chose se mêlât aux laboureurs.

Ces réceptions se faisaient sans frais; un thé, une brioche, voilà tout. Monsieur, dans les premiers temps, avait réclamé deux brioches, une pour l'Académie, une pour les laboureurs; mais Madame ayant justement observé que cette manière d'agir semblerait indiquer deux camps, deux réceptions, deux partis, Monsieur n'avait point insisté; de sorte qu'on ne servait qu'une seule brioche, dont Mme Anserre faisait d'abord les honneurs à l'Académie et qui passait ensuite dans le salon de l'Agriculture.

Or, cette brioche fut bientôt, pour l'Académie, un sujet d'observation des plus curieuses. Mme Anserre ne la découpait jamais elle-même. Ce rôle revenait toujours à l'un ou à l'autre des illustres invités. Cette fonction particulière, spécialement honorable et recherchée, durait plus ou moins longtemps pour chacun: tantôt trois mois, rarement plus; et l'on remarqua que le privilège de «découper la brioche» semblait entraîner avec lui une foule d'autres superiorités; une sorte de royauté ou plutôt de vice-royauté très accentuée.

Unter dem Vorwand, Unkosten zu sparen, lud er seine Freunde auf denselben Tag, an dem seine Frau die ihren empfing, so daß man sich vermischte. Oder vielmehr nein, man bildete zwei Gruppen. Madame belegte mit ihrem Gefolge von Künstlern, Akademikern und Ministern eine Art Saal mit Empiremöbeln und -tapeten.

Monsieur zog sich für gewöhnlich mit seinen Ackerbauern in einen kleineren Raum zurück, der als Rauchzimmer diente und den Madame Anserre ironisch den Landwirtschaftssalon nannte.

Die beiden Lager waren streng getrennt. Monsieur, ganz ohne Eifersucht übrigens, begab sich manchmal in die Akademie, bei welcher Gelegenheit dann herzliche Händedrücke getauscht wurden; die Akademie dagegen mied den Landwirtschaftssalon hoheitsvoll, nur ganz selten mengte sich ein König der Wissenschaft, des Geistes oder von irgend etwas sonst unter die Ackerbauer.

Diese Empfänge gingen ohne Aufwand vor sich; Tee, ein Napfkuchen – das war alles. Monsieur hatte im Anfang zwei Napfkuchen gefordert, einen für die Akademie und einen für die Ackerbauer. Da aber Madame sehr richtig bemerkt hatte, daß ein solches Verfahren scheinbar zwei Lager andeuten würde, zwei Empfänge, zwei Parteien, hatte Monsieur nicht darauf bestanden, so daß nur ein einziger Napfkuchen aufgetragen wurde, den Madame zunächst in der Akademie anbot und der anschließend in den Landwirtschaftssalon gebracht wurde.

Dieser Napfkuchen nun wurde bald für die Akademie ein ungemein fesselnder Gegenstand der Beobachtung. Madame Anserre schnitt ihn nie selbst an. Diese Aufgabe wurde immer dem einen oder anderen der berühmten Gäste übertragen. Diese besondere Aufgabe, ganz außerordentlich ehrenvoll und begehrt, verblieb jedem mehr oder weniger lange Zeit: manchmal drei Monate, selten länger. Und man bemerkte, daß das Privileg, «den Kuchen anschneiden» zu dürfen, eine Fülle anderer Vorrechte im Gefolge hatte, eine Art sehr ausgeprägter Königs- oder vielmehr Vizekönigswürde.

Le découpeur régnant avait le verbe plus haut, un ton de commandement marqué; et toutes le faveurs de la maîtresse de maison étaient pour lui, toutes.

On appelait ces heureux dans l'intimité, à mi-voix, derrière les portes, les «favoris de la brioche», et chaque changement de favori amenait dans l'Académie une sorte de révolution. Le couteau était un sceptre, la pâtisserie un emblème; on félicitait les élus. Les laboureurs jamais ne découpaient la brioche. Monsieur lui-même était toujours exclu, bien qu'il en mangeât sa part.

La brioche fut successivement taillée par des poètes, par des peintres et des romanciers. Un grand musicien mesura les portions pendant quelque temps, un ambassadeur lui succéda. Quelquefois un homme moins connu, mais élégant et recherché, un de ceux qu'on appelle, suivant les époques, vrai gentleman, ou parfait cavalier, ou dandy, ou autrement, s'assit à son tour devant le gâteau symbolique. Chacun d'eux, pendant son règne éphémère, témoignait à l'époux une considération plus grande; puis quand l'heure de sa chute était venue, il passait à un autre le couteau et se mêlait de nouveau dans la foule des suivants et admirateurs de la «belle Madame Anserre».

Cet état de choses dura longtemps, longtemps; mais les comètes ne brillent pas toujours du même éclat. Tout vieillit par le monde. On eût dit, peu à peu, que l'empressement des découpeurs s'affaiblissait; ils semblaient hésiter parfois, quand on leur tendait le plat; cette charge jadis tant enviée devenait moins sollicitée; on la conservait moins longtemps; on en paraissait moins fier. Mme Anserre prodiguait les sourires et les amabilités; hélas! on ne coupait plus volontiers. Les nouveaux venus semblaient s'y refuser. Les «anciens favoris» repa-
10 rurent un à un comme des princes détrônés qu'on
11 replace un instant au pouvoir. Puis, les élus devin-

Der regierende Kuchenanschneider sprach lauter, mit betonter Befehlsstimme, und alle Gunstbezeigungen der Herrin des Hauses galten ihm, alle.

Unter sich, mit leiser Stimme und hinter verschlossenen Türen, nannte man diese Glücklichen die «Napfkuchenfavoriten», und jeder Favoritenwechsel bedeutete in der Akademie eine Art Revolution. Das Messer war das Szepter, das Gebäck das Hoheitszeichen; die Auserwählten wurden beglückwünscht. Nie schnitt ein Ackerbauer den Napfkuchen an. Selbst Monsieur war stets ausgeschlossen, obwohl er seinen Teil davon aß.

Nacheinander wurde der Napfkuchen von Dichtern, Malern und Romanschriftstellern angeschnitten. Eine Zeitlang maß ein großer Musiker die Portionen, ein Botschafter löste ihn ab. Manchmal nahm auch ein weniger bekannter, aber eleganter und gewählt gekleideter Mann, einer von denen, die man je nach der Epoche einen echten Gentleman, einen vollendeten Kavalier, einen Dandy oder sonstwie nennt, vor dem symbolträchtigen Kuchen Platz. Jeder von ihnen erwies während seiner kurzen Regierungszeit dem Ehemann besondere Hochachtung, und wenn dann die Stunde seines Rücktritts gekommen war, reichte er das Messer einem anderen weiter und mischte sich von neuem unter die Schar der Gefolgsleute und Bewunderer der «schönen Madame Anserre».

Dieser Zustand währte lange, sehr lange; aber die Kometen leuchten nun einmal nicht immer im gleichen Glanz. Alles in der Welt wird älter. Nach und nach konnte man meinen, die Beflissenheit der Anschneider lasse nach. Gelegentlich schienen sie zu zögern, wenn ihnen der Teller gereicht wurde; das einst so beliebte Amt wurde weniger begehrt: man behielt es weniger lang inne und schien nicht mehr so stolz darauf zu sein. Madame Anserre wandte ihr schönstes Lächeln und alle Liebenswürdigkeit auf, aber ach: man schnitt nicht mehr so gerne an. Die Neuankömmlinge schienen es überhaupt abzulehnen. Die «ehemaligen Favoriten» traten einer nach dem anderen wieder auf, wie entthronte Fürsten, die noch einmal für kurze Zeit an die Macht kommen. Dann wurden die Auserwählten selten, sehr sel-

rent rares, tout à fait rares. Pendant un mois, ô prodige, M. Anserre ouvrit le gâteau; puis il eut l'air de s'en lasser; et, le lendemain, elle insista si fort auprès d'un invité qu'il n'osa point refuser.

Le symbole était trop connu cependant; on se regardait en dessous avec des mines effarées, anxieuses. Couper la brioche n'était rien, mais les privilèges auxquels cette faveur avait toujours donné droit épouvantaient maintenant; aussi, dès que paraissait le plateau, les académiciens passaient pêle-mêle dans le salon de l'Agriculture comme pour se mettre à l'abri derrière l'époux qui souriait sans cesse. Et quand Mme Anserre, anxieuse, se montrait sur la porte avec la brioche d'une main et le couteau de l'autre, tous semblaient se ranger autour de son mari comme pour lui demander protection.

Des années encore passèrent. Personne ne découpait plus; mais par suite d'une vieille habitude invétérée, celle qu'on appelait toujours galamment la «belle Mme Anserre» cherchait de l'œil, à chaque soirée, un dévoué qui prît le couteau, et chaque fois le même mouvement se produisait autour d'elle: une fuite générale, habile, pleine de manœuvres combinées et savantes, pour éviter l'offre qui lui venait aux lèvres.

Or, voilà qu'un soir on présenta chez elle un tout jeune homme, un innocent et un ignorant. Il ne connaissait pas le mystère de la brioche; aussi lorsque parut le gâteau, lorsque chacun s'enfuit, lorsque Mme Anserre prit des mains du valet le plateau et la pâtisserie, il resta tranquillement près d'elle.

Elle crut peut-être qu'il savait; elle sourit, et, d'une voix émue:

– Voulez-vous, cher monsieur, être assez aimable pour découper cette brioche?

Il s'empressa, ôta ses gants, ravi de l'honneur.

 – Mais comment donc, Madame, avec le plus
 grand plaisir.

ten. Einen Monat lang, o Wunder, schnitt Monsieur Anserre den Kuchen an; aber er schien es bald müde zu werden, und beim nächsten Mal bat sie einen der Gäste so dringend, daß er nicht abzulehnen wagte.

Das Symbol war aber zu bekannt; man warf sich mit bestürzten, ängstlichen Mienen vielsagende Blicke zu. Den Napfkuchen anzuschneiden war nicht schwer, aber die Privilegien, auf welche diese Gunst von jeher ein Anrecht gegeben hatte, schreckten jetzt ab; deshalb drängten sich die Akademiker, sowie der Teller erschien, in wildem Durcheinander in den Landwirtschaftssalon, als wollten sie sich hinter dem Ehemann verstecken, der unablässig lächelte. Und wenn Madame Anserre mit bangem Gesicht in der Tür erschien, den Napfkuchen in der einen und das Messer in der anderen Hand, schienen sich alle um ihren Gatten zu scharen, als suchten sie Schutz bei ihm.

Weitere Jahre gingen dahin. Niemand schnitt mehr an, aber aus eingefleischter alter Gewohnheit ließ die «schöne Madame Anserre», wie man sie immer noch höflich nannte, jeden Abend ihren Blick herumgehen, um einen Opferwilligen zu finden, der das Messer nähme, und jedesmal entstand die gleiche Bewegung um sie herum: eine allgemeine, vorsichtige Flucht, voll einfallsreicher und kluger Manöver, um dem Angebot zu entgehen, das ihr auf der Zunge lag.

Da wurde eines Abends ein ganz junger Mann bei ihr eingeführt, ein Unschuldiger und Unwissender. Er kannte das Geheimnis des Napfkuchens nicht; deshalb blieb er, als der Kuchen erschien, als alle flohen und Madame Anserre aus den Händen des Dieners den Teller und das Gebäck entgegennahm, seelenruhig in ihrer Nähe.

Vielleicht glaubte sie, er wisse Bescheid; sie lächelte und sagte mit bewegter Stimme:

«Wollen Sie, mein lieber Herr, wohl so freundlich sein und diesen Napfkuchen anschneiden?»

Er war sehr beflissen und legte seine Handschuhe ab, hocherfreut über die Ehre.

«Aber selbstverständlich, Madame, mit dem größten Vergnügen.»

Au loin, dans les coins de la galerie, dans l'encadrement de la porte ouverte sur le salon des laboureurs, des têtes stupéfaites regardaient. Puis, lorsqu'on vit que le nouveau venu découpait sans hésitation, on se rapprocha vivement.

Un vieux poète plaisant frappa sur l'épaule du néophyte:

– Bravo! jeune homme, lui dit-il à l'oreille.

On le considérait curieusement. L'époux lui-même parut surpris. Quant au jeune homme, il s'étonnait de la considération qu'on semblait soudain lui montrer, il ne comprenait point surtout les gracieusetés marquées, la faveur évidente et l'espèce de reconnaissance muette que lui témoignait la maîtresse de la maison.

Il paraît cependant qu'il finit par comprendre.

A quel moment, en quel lieu la révélation lui fut-elle faite? On l'ignore; mais quand il reparut à la soirée suivante, il avait l'air préoccupé, presque honteux, et regardait avec inquiétude autour de lui. L'heure du thé sonna. Le valet parut. Mme Anserre, souriante, saisit le plat, chercha des yeux son jeune ami; mais il avait fui si vite qu-il n'était déjà plus là. Alors elle partit à sa recherche et le retrouva bientôt tout au fond du salon des «laboureurs». Lui, le bras passé sous le bras du mari, le consultait avec angoisse sur les moyens employés pour la destruction du phylloxéra.

– Mon cher monsieur, lui dit-elle, voulez-vous être assez aimable pour me découper cette brioche?

Il rougit jusqu'aux oreilles, balbutia, perdant la tête. Alors M. Anserre eut pitié de lui et, se tournant vers sa femme:

– Ma chère amie, tu serais bien aimable de ne point nous déranger: nous causons agriculture. Fais-la donc couper par Baptiste, ta brioche.

Et personne depuis ce jour ne coupa plus jamais la brioche de Mme Anserre.

Aus der Ferne, aus den Ecken des Saales und aus dem Rahmen der zum Landwirtschaftssalon hin offenen Tür blickten erstaunte Gesichter. Sodann, als man sah, daß der Neuling sich ohne Zögern ans Anschneiden machte, traten alle eilig herzu.

Ein alter, spaßiger Dichter schlug dem Neuen auf die Schulter:

«Bravo, junger Mann!» flüsterte er ihm ins Ohr.

Man betrachtete ihn neugierig. Selbst der Gatte schien überrascht. Der junge Mann dagegen war erstaunt über die Beachtung, die man ihm so plötzlich zu zeigen schien, und verstand vor allem die huldreichen Gesten, die offensichtliche Gunst und die stille Dankbarkeit nicht, die ihm die Herrin des Hauses erwies.

Es scheint aber, als habe er schließlich verstanden.

In welchem Augenblick, an welchem Ort wurde ihm diese Erkenntnis zuteil? Man weiß es nicht. Als er am folgenden Einladungsabend wieder erschien, machte er jedenfalls einen bedrückten, fast beschämten Eindruck und blickte unruhig umher. Die Stunde des Tees schlug. Der Diener erschien. Lächelnd nahm Madame Anserre den Teller und blickte sich nach ihrem jungen Freunde um. Er aber hatte so schnell die Flucht ergriffen, daß er schon verschwunden war. Da machte sie sich auf die Suche und fand ihn bald ganz hinten im Salon der «Ackerbauer». Er hatte den Ehemann untergefaßt und erkundigte sich mit großer Eindringlichkeit bei ihm nach den Mitteln, die zur Reblausbekämpfung angewendet werden.

«Mein lieber Herr», sprach sie zu ihm, «wären sie wohl so freundlich, mir diesen Napfkuchen anzuschneiden?»

Er errötete bis über die Ohren, stammelte, verlor den Kopf. Da erbarmte sich Monsieur Anserre seiner und sagte, indem er sich seiner Frau zuwandte:

«Meine Liebe, sei so gut und störe uns jetzt nicht; wir sprechen über landwirtschaftliche Fragen. Laß ihn doch von Baptiste anschneiden, deinen Kuchen.»

Seit diesem Tage schnitt ihn niemand mehr an, den Napfkuchen der Madame Anserre.

Les pauvres gens vivaient péniblement des petits appointements du mari. Deux enfants étaient nés depuis leur mariage, et la gêne première était devenue une de ces misères humbles, voilées, honteuses, une misère de famille noble qui veut tenir son rang quand même.

Hector de Gribelin avait été élevé en province, dans le manoir paternel, par un vieil abbé précepteur. On n'était pas riche, mais on vivotait en gardant les apparences.

Puis, à vingt ans, on lui avait cherché une position, et il était entré, commis à quinze cents francs, au Ministère de la Marine. Il avait échoué sur cet écueil comme tous ceux qui ne sont point préparés de bonne heure au rude combat de la vie, tous ceux qui voient l'existence à travers un nuage, qui ignorent les moyens et les résistances, en qui on n'a pas développé dès l'enfance des aptitudes spéciales, des facultés particulières, une âpre énergie à la lutte, tous ceux à qui on n'a pas remis une arme ou un outil dans la main.

Ses trois premières années de bureau furent horribles.

Il avait retrouvé quelques amis de sa famille, vieilles gens attardés et peu fortunés aussi, qui vivaient dans les rues nobles, les tristes rues du faubourg Saint-Germain, et il s'était fait un cercle de connaissances.

Étrangers à la vie moderne, humbles et fiers, ces aristocrates nécessiteux habitaient les étages élevés de maisons endormies. Du haut en bas de ces demeures, les locataires étaient titrés; mais l'argent semblait rare au premier comme au sixième.

Les éternels préjugés, la préoccupation du rang,
16 le souci de ne pas déchoir, hantaient ces familles
17 autrefois brillantes, et ruinées par l'inaction des

Die armen Leute lebten kärglich von dem kleinen Gehalt des Mannes. Zwei Kinder waren ihnen seit ihrer Heirat geboren worden, und aus der anfänglichen Einschränkung war eine demütige, verschleierte, verschämte Armut geworden, die Armut einer Adelsfamilie, die trotz allem ihren Rang behaupten will.

Hector de Gribelin war in der Provinz auf dem väterlichen Besitz von einem alten Priester erzogen und unterrichtet worden. Man war nicht reich, hielt sich aber am Leben und wahrte den Schein.

Als er dann zwanzig Jahre alt war, hatte man ihm eine Stellung gesucht, und er war als Schreiber mit tausendfünfhundert Franken jährlich im Marineministerium eingetreten. Er war an dieser Klippe gescheitert wie alle, die nicht rechtzeitig auf den harten Kampf ums Dasein vorbereitet worden sind, die das Leben durch einen Dunst sehen, ohne Kampfmittel und Widerstandskräfte zu kennen, und in denen nicht von Kindheit an besondere Möglichkeiten, eigene Fähigkeiten und eine hartnäckige, zupackende Energie entwickelt worden sind: alle, denen man keine Waffe und kein Werkzeug mitgegeben hat.

Die ersten drei Jahre im Büro waren fürchterlich für ihn.

Er hatte einige Freunde seiner Familie aufgesucht, ebenso rückständige und wenig begüterte alte Leute wie er, die in den vornehmen, aber düsteren Straßen des Faubourg Saint-Germain wohnten, und hatte sich einen Bekanntenkreis geschaffen.

Ohne Verständnis für das moderne Leben, bescheiden und stolz, bewohnten diese bedürftigen Aristokraten die oberen Stockwerke verschlafener Häuser. Von oben bis unten waren in diesen Gebäuden die Mieter zwar Träger von Titeln, aber das Geld schien im ersten Stock ebenso knapp zu sein wie im sechsten.

Die ewigen Vorurteile, die sorgfältige Beachtung des Ranges und die Sorge, nur ja nicht herunterzukommen, verfolgten diese einst glänzenden und nun durch die Untätigkeit

hommes. Hector de Gribelin rencontra dans ce monde une jeune fille noble et pauvre comme lui, et l'épousa.

Ils eurent deux enfants en quatre ans.

Pendant quatre années encore, ce ménage, harcelé par la misère, ne connut d'autres distractions que la promenade aux Champs-Élysées, le dimanche, et quelques soirées au théâtre, une ou deux par hiver, grâce à des billets de faveur offerts par un collègue.

Mais voilà que, vers le printemps, un travail supplémentaire fut confié à l'employé par son chef; et il reçut une gratification extraordinaire de trois cents francs.

En rapportant cet argent, il dit à sa femme:

«Ma chère Henriette, il faut nous offrir quelque chose, par exemple une partie de plaisir pour les enfants.»

Et après une longue discussion, il fut décidé qu'on irait déjeuner à la campagne.

«Ma foi, s'écria Hector, une fois n'est pas coutume; nous louerons un break pour toi, les petits et la bonne, et moi je prendrai un cheval au manège. Cela me fera du bien.»

Et pendant toute la semaine on ne parla que de l'excursion projetée.

Chaque soir, en rentrant du bureau, Hector saisissait son fils aîné, le plaçait à califourchon sur sa jambe, et, en le faisant sauter de toute sa force, il lui disait:

«Voilà comment il galopera, papa, dimanche prochain, à la promenade.»

Et le gamin, tout le jour, enfourchait les chaises et les traînait autour de la salle en criant:

«C'est papa à dada.»

Et la bonne elle-même regardait monsieur d'un
18 œil émerveillé, en songeant qu'il accompagnerait
19 la voiture à cheval; et pendant tous les repas elle

der Männer ruinierten Familien. Hector de Gribelin traf in dieser Umgebung ein junges adliges Mädchen, das arm war wie er selbst, und heiratete es.

In vier Jahren hatten sie zwei Kinder.

Und in diesen vier Jahren kannten die von der Armut bedrängten Eheleute keine anderen Vergnügungen als am Sonntag einen Spaziergang auf den Champs-Elysées und abends ganz selten, ein- oder zweimal in jedem Winter, einen Theaterbesuch, den sie Freikarten verdankten, die ihnen ein Kollege schenkte.

Da wurde dem Angestellten im Frühling überraschend von seinem Vorgesetzten eine zusätzliche Arbeit anvertraut, und er erhielt eine Sondergratifikation von dreihundert Franken.

Als er dieses Geld nach Hause brachte, sagte er zu seiner Frau:

«Meine liebe Henriette, wir sollten uns etwas gönnen, zum Beispiel einen Ausflug für die Kinder.»

Und nach einer langen Diskussion beschloß man, zum Picknick aufs Land zu fahren.

«Meine Güte», rief Hector, «einmal ist keinmal: wir mieten einen Zweispänner für dich, die Kleinen und das Mädchen, und ich leihe mir ein Pferd aus der Reitschule. Das wird mir guttun.»

Und die ganze Woche lang sprach man nur von dem geplanten Ausflug.

Jeden Abend, wenn er vom Büro nach Hause kam, nahm Hector seinen Ältesten, setzte ihn rittlings auf sein Bein und erklärte ihm, indem er ihn mit aller Kraft wippen ließ:

«So wird Papa nächsten Sonntag beim Ausflug galoppieren.»

Und der kleine Junge setzte sich den ganzen Tag über breitbeinig auf die Stühle und rutschte mit ihnen durch das Zimmer, indem er rief:

«Das ist Papa auf dem Hottehüh.»

Sogar das Dienstmädchen betrachtete den Hausherrn mit bewundernden Blicken, wenn sie sich vorstellte, wie er den Wagen hoch zu Roß begleiten würde; bei allen Mahlzeiten

l'écoutait parler d'équitation, raconter ses exploits de jadis, chez son père. Oh! il avait été à bonne école et, une fois la bête entre ses jambes, il ne craignait rien, mais rien!

Il répétait à sa femme en se frottant les mains:

«Si on pouvait me donner un animal un peu difficile, je serais enchanté. Tu verras comme je monte; et, si tu veux, nous reviendrons par les Champs-Élysées au moment du retour du Bois. Comme nous ferons bonne figure, je ne serais pas fâché de rencontrer quelqu'un du ministère. Il n'en faut pas plus pour se faire respecter des chefs.»

Au jour dit, la voiture et le cheval arrivèrent en même temps devant la porte. Il descendit aussitôt, pour examiner sa monture. Il avait fait coudre des sous-pieds à son pantalon et manœuvrait une cravache achetée la veille.

Il leva et palpa, l'une après l'autre, les quatre jambes de la bête, tâta le cou, les côtes, les jarrets, éprouva du doigt les reins, ouvrit la bouche, examina les dents, déclara son âge, et, comme toute la famille descendait, il fit une sorte de petit cours théorique et pratique sur le cheval en général et en particulier sur celui-là, qu'il reconnaissait excellent.

Quand tout le monde fut bien placé dans la voiture, il vérifia les sangles de la selle; puis, s'enlevant sur un étrier, retomba sur l'animal, qui se mit à danser sous la charge et faillit désarçonner son cavalier.

Hector, ému, tâchait de le calmer:

«Allons, tout beau, mon ami, tout beau.»

Puis quand le porteur eut repris sa tranquillité et le porté son aplomb, celui-ci demanda:

«Est-on prêt?»

Toutes les voix répondirent:

«Oui.»

20 Alors, il commanda:

21 «En route!»

hörte sie ihn vom Reiten sprechen und von seinen Taten erzählen, damals, daheim beim Vater. Oh! Er war durch eine gute Schule gegangen, und wenn er erst einmal das Tier zwischen den Schenkeln hatte, fürchtete er nichts, gar nichts!

Immer wieder sagte er händereibend zu seiner Frau:

«Wenn ich nur ein etwas schwieriges Tier bekommen könnte, ich wäre begeistert. Du wirst schon sehen, wie ich zu Pferde sitze, und wenn du willst, nehmen wir den Heimweg über die Champs-Elysées, wenn die Leute aus dem Bois de Boulogne zurückkommen. Da wir einen guten Eindruck machen werden, wäre es mir gar nicht unlieb, wenn wir jemandem aus dem Ministerium begegneten. Das genügt schon, um sich bei seinen Vorgesetzten Achtung zu verschaffen.»

Am festgesetzten Tage trafen der Wagen und das Pferd zu gleicher Zeit vor der Tür ein. Er ging sofort hinunter, um sein Reittier zu prüfen. Er hatte sich Stege an seine Hose nähen lassen und schwang eine am Vorabend gekaufte Reitpeitsche.

Nacheinander hob er die Beine des Tieres und befühlte sie, tätschelte ihm den Hals, die Flanken, die Sprunggelenke, untersuchte mit dem Finger die Lenden, öffnete ihm das Maul, prüfte das Gebiß, schätzte sein Alter, und als die ganze Familie herunterkam, hielt er so etwas wie eine kleine theoretische und praktische Vorlesung über das Pferd im allgemeinen und dieses im besonderen, das er hervorragend fand.

Als alle gut im Wagen untergebracht waren, überprüfte er die Sattelgurte; dann schwang er sich auf einen Steigbügel und ließ sich auf das Tier fallen, das unter der Last zu tanzen begann und seinen Reiter fast abgeworfen hätte.

Aufgeregt versuchte Hector es zu besänftigen:

«Komm, ganz ruhig, Freundchen, ganz ruhig.»

Als der Träger seine Ruhe und der Getragene seine Haltung wiedergewonnen hatten, fragte er:

«Seid ihr fertig?»

Alle Stimmen erwiderten:

«Ja.»

Darauf befahl er:

«Vorwärts marsch!»

Et la cavalcade s'éloigna.

Tous les regards étaient tendus sur lui. Il trottait à l'anglaise en exagérant les ressauts. A peine était-il retombé sur la selle qu'il rebondissait comme pour monter dans l'espace. Souvent il semblait prêt à s'abattre sur la crinière, et il tenait ses yeux fixes devant lui, ayant la figure crispée et les joues pâles.

Sa femme, gardant sur ses genoux un des enfants, et la bonne qui portait l'autre, répétaient sans cesse:

«Regardez papa, regardez papa!»

Et les deux gamins, grisés par le mouvement, la joie et l'air vif, poussaient des cris aigus. Le cheval, effrayé par ces clameurs, finit par prendre le galop, et, pendant que le cavalier s'efforçait de l'arrêter, le chapeau roula par terre. Il fallut que le cocher descendît de son siège pour ramasser cette coiffure, et, quand Hector l'eut reçue de ses mains, il s'adressa de loin à sa femme:

«Empêche donc les enfants de crier comme ça, tu me ferais emporter!»

On déjeuna sur l'herbe, dans le bois du Vésinet, avec les provisions déposées dans les coffres.

Bien que le cocher prît soin des trois chevaux, Hector à tout moment se levait pour aller voir si le sien ne manquait de rien et il le caressait sur le cou, lui faisant manger du pain, des gâteaux, du sucre.

Il déclara:

«C'est un rude trotteur. Il m'a même un peu secoué dans les premiers moments; mais tu as vu que je m'y suis vite remis; il a reconnu son maître; il ne bougera plus maintenant.»

Comme il avait été décidé, on revint par les Champs-Élysées.

La vaste avenue fourmillait de voitures. Et, sur
les côtés, les promeneurs étaient si nombreux qu'on
22 eût dit deux longs rubans noirs se déroulant, depuis
23 l'Arc de Triomphe jusqu'à la place de la Concorde.

Und die Kavalkade brach auf.

Alle Blicke waren auf ihn gerichtet. Er ließ das Pferd im englischen Schritt traben, wippte aber übertrieben auf und nieder. Kaum war er auf den Sattel zurückgefallen, flog er wieder hoch, als wollte er in die Luft aufsteigen. Oft sah es aus, als fiele er gleich auf die Mähne. Er starrte unentwegt geradeaus, mit angespanntem Gesicht und bleichen Wangen.

Seine Frau, welche das eine der Kinder auf den Knien hielt, und das Mädchen, welches das andere trug, riefen unaufhörlich:

«Seht doch den Papa, seht doch den Papa!»

Und die beiden kleinen Jungen, trunken von der Bewegung, der Freude und der frischen Luft, stießen helle Schreie aus. Das Pferd wurde von diesem Lärm scheu, fiel in Galopp, und während der Reiter versuchte, es zu bändigen, flog der Hut zu Boden. Der Kutscher mußte von seinem Bock steigen, um die Kopfbedeckung aufzuheben, und als Hector sie aus seinen Händen entgegengenommen hatte, rief er seiner Frau von weitem zu:

«Paß gefälligst auf, daß die Kinder nicht so schreien, sonst geht er noch mit mir durch!»

Man aß im Grünen, im Walde von Vésinet, von dem im Kutschkasten mitgenommenen Proviant.

Obwohl der Kutscher die drei Pferde versorgte, stand Hector jeden Augenblick auf, um nachzusehen, ob es dem seinen auch an nichts fehle; er tätschelte ihm den Hals und gab ihm Brot, Kuchen und Zucker zu fressen.

Er erklärte:

«Das ist ein harter Traber. Zuerst hat er mich sogar ein bißchen durchgeschüttelt, aber du hast ja gesehen, wie schnell ich mich wieder zurechtgefunden habe; er hat seinen Herrn kennengelernt: jetzt wird er nicht mehr mucken.»

Wie vorgesehen, kehrte man über die Champs-Elysées zurück.

Auf der großen Avenue wimmelte es von Wagen. Und an den Seiten gingen so viele Spaziergänger, daß es aussah, als zögen sich zwei lange schwarze Bänder vom Arc de Triomphe bis zur Place de la Concorde. Eine Flut von Sonnenlicht

Une averse de soleil tombait sur tout ce monde, faisait étinceler le vernis des calèches, l'acier des harnais, les poignées des portières.

Une folie de mouvement, une ivresse de vie semblait agiter cette foule de gens, d'équipages et de bêtes. Et l'Obélisque, là-bas, se dressait dans une buée d'or.

Le cheval d'Hector, dès qu'il eut dépassé l'Arc de Triomphe, fut saisi soudain d'une ardeur nouvelle, et il filait à travers les roues, au grand trot, vers l'écurie, malgré toutes les tentatives d'apaisement de son cavalier.

La voiture était loin maintenant, loin derrière, et voilà qu'en face de Palais de l'Industrie, l'animal se voyant du champ, tourna à droite et prit le galop.

Une vieille femme en tablier traversait la chaussée d'un pas tranquille; elle se trouvait juste sur le chemin d'Hector, qui arrivait à fond de train. Impuissant à maîtriser sa bête, il se mit à crier de toute sa force:

«Holà! hé! holà! là-bas!»

Elle était sourde peut-être, car elle continua paisiblement sa route jusqu'au moment où, heurtée par le poitrail du cheval lancé comme une locomotive, elle alla rouler dix pas plus loin, les jupes en l'air, après trois culbutes sur la tête.

Des voix criaient:

«Arrêtez-le!»

Hector, éperdu, se cramponnait à la crinière en hurlant:

«Au secours!»

Une secousse terrible le fit passer comme une balle par-dessus les oreilles de son coursier et tomber dans les bras d'un sergent de ville qui venait de se jeter à sa rencontre.

En une seconde, un groupe furieux, gesticulant, vociférant, se forma autour de lui. Un vieux monsieur surtout, un vieux monsieur portant une

ergoß sich auf all die Menschen und ließ den Lack auf den Kutschen, den Stahl der Geschirre und die Griffe an den Wagentüren funkeln.

Eine wilde Bewegungslust, eine trunkene Lebensfreude schien diese Menge von Menschen, Equipagen und Pferden zu beherrschen. Und in der Ferne ragte der Obelisk in den goldenen Abenddunst.

Sobald es den Triumphbogen hinter sich gelassen hatte, wurde Hectors Pferd plötzlich von neuem Schwung beseelt, und mitten zwischen den Rädern hindurch strebte es trotz aller Beruhigungsversuche seines Reiters in schlankem Trab dem Stall zu.

Der Wagen war schon weit, weit zurück, als das Tier gegenüber vom Industriepalast plötzlich freie Bahn sah, sich nach rechts wandte und in Galopp fiel.

Eine alte Frau mit umgebundener Schürze ging ruhigen Schrittes über den Fahrdamm; sie geriet Hector, der in gestrecktem Galopp daherkam, genau in den Weg. Da er nicht imstande war, sein Tier zu meistern, rief er mit aller Kraft:

«Holla! Heda! Holla! Weg da!»

Vielleicht war sie taub – sie ging jedenfalls friedlich weiter bis zu dem Augenblick, da sie, vom Bug des wie eine Lokomotive heranstürmenden Pferdes getroffen, mit fliegenden Röcken zehn Schritte weit rollte und sich dabei dreimal überschlug.

Stimmen riefen:

«Haltet ihn!»

Völlig verstört klammerte sich Hector an die Mähne und schrie:

«Hilfe!»

Ein fürchterlicher Stoß ließ ihn wie eine Kanonenkugel über die Ohren seines Renners fliegen und in die Arme eines Schutzmannes fallen, der eben herangelaufen kam, um ihn aufzuhalten.

Im Nu bildete sich eine wütende, gestikulierende, schimpfende Gruppe um ihn. Ein alter Herr, ein alter Herr mit einem großen runden Orden und einem großen weißen

grande décoration ronde et de grandes moustaches blanches, semblait exaspéré. Il répétait:

«Sacrebleu, quand on est maladroit comme ça, on reste chez soi. On ne vient pas tuer les gens dans la rue quand on ne sait pas conduire un cheval.»

Mais quatre hommes, portant la vieille, apparurent. Elle semblait morte, avec sa figure jaune et son bonnet de travers, tout gris de poussière.

«Portez cette femme chez un pharmacien, commanda le vieux monsieur, et allons chez le commissaire de police.»

Hector, entre les deux agents, se mit en route. Un troisième tenait son cheval. Une foule suivait; et soudain le break parut. Sa femme s'élança, la bonne perdait la tête, les marmots piaillaient. Il expliqua qu'il allait rentrer, qu'il avait renversé une femme, que ce n'était rien. Et sa famille, affolée, s'éloigna.

Chez le commissaire, l'explication fut courte. Il donna son nom, Hector de Gribelin, attaché au Ministère de la Marine, et on attendit des nouvelles de la blessée. Un agent envoyé aux renseignements revint. Elle avait repris connaissance, mais elle souffrait effroyablement en dedans, disait-elle. C'était une femme de ménage, âgée de soixante-cinq ans et dénommée Mme Simon.

Quand il sut qu'elle n'était pas morte, Hector reprit espoir et promit de subvenir aux frais de sa guérison. Puis il courut chez le pharmacien.

Une cohue stationnait devant la porte; la bonne femme, affaissée dans un fauteuil, geignait, les mains inertes, la face abrutie. Deux médecins l'examinaient encore. Aucun membre n'était cassé, mais on craignait une lésion interne.

Hector lui parla:

«Souffrez-vous beaucoup?

26 – Oh! oui.

27 – Où ça?

Schnurrbart, schien besonders aufgebracht zu sein. Er rief immer wieder:

«Zum Donnerwetter! Wenn man so ungeschickt ist, bleibt man zu Hause. Man reitet nicht aus und bringt die Leute um, wenn man nicht mit Pferden umgehen kann.»

Da erschienen schon vier Männer. Sie brachten die alte Frau. Nach ihrem wachsgelben Gesicht und der verrutschten, mit grauem Staub bedeckten Haube zu urteilen, schien sie tot zu sein.

«Tragen Sie die Frau in eine Apotheke», befahl der alte Herr, «und wir gehen zum Polizeirevier.»

Zwischen zwei Schutzleuten machte sich Hector auf den Weg. Ein dritter führte sein Pferd. Eine ganze Volksmenge lief hinterher, und nun erschien auch der Zweispänner. Seine Frau sprang heraus, das Mädchen gebärdete sich wie toll, die zwei Knirpse plärrten. Er erklärte, er werde bald nach Hause kommen, er habe eine Frau umgeritten, es sei nicht schlimm. Seine Familie entfernte sich voller Bestürzung.

Die Vernehmung beim Polizeikommissar war kurz. Er nannte seinen Namen, Hector de Gribelin, Angestellter im Marineministerium, und dann wartete man auf Nachrichten von der Verletzten. Ein Schutzmann, der auf Erkundung geschickt war, kam zurück. Sie hatte das Bewußtsein wiedererlangt, hatte aber, wie sie sagte, noch starke innere Schmerzen. Es handelte sich um eine Reinmachefrau, fünfundsechzig Jahre alt, namens Simon.

Als er hörte, daß sie nicht tot war, faßte Hector wieder Hoffnung und versprach, für die Heilungskosten aufzukommen. Hierauf eilte er zur Apotheke.

Eine Menge Leute stand vor der Tür; die gute Frau saß mit herabhängenden Armen und verständnislosem Gesichtsausdruck in einem Sessel und stöhnte. Zwei Ärzte waren noch dabei, sie zu untersuchen. Es war kein Glied gebrochen, aber man befürchtete eine innere Verletzung.

Hector fragte sie:

«Haben Sie große Schmerzen?»

«O ja!»

«Wo denn?»

– C'est comme un feu que j'aurais dans les estomacs.»

Un médecin s'approcha:

«C'est vous, monsieur, qui êtes l'auteur de l'accident?

– Oui, monsieur.

– Il faudrait envoyer cette femme dans une maison de santé; j'en connais une où on la recevrait à six francs par jour. Voulez-vous que je m'en charge?»

Hector, ravi, remercia et rentra chez lui soulagé.

Sa femme l'attendait dans les larmes: il l'apaisa.

«Ce n'est rien, cette dame Simon va déjà mieux, dans trois jours il n'y paraîtra plus; je l'ai envoyée dans une maison de santé; ce n'est rien.»

Ce n'est rien!

En sortant de son bureau, le lendemain, il alla prendre des nouvelles de Mme Simon. Il la trouva en train de manger un bouillon gras d'un air satisfait.

«Eh bien?» dit-il.

Elle répondit:

«Oh! mon pauv' monsieur, ça n' change pas. Je me sens quasiment anéantie. N'y a pas de mieux.»

Le médecin déclara qu'il fallait attendre, une complication pouvant survenir.

Il attendit trois jours, puis il revint. La vieille femme, le teint clair, l'œil limpide, se mit à geindre en l'apercevant:

«Je n' peux pu r'muer, mon pauv' monsieur; je n'peux pu. J'en ai pour jusqu'à la fin de mes jours.»

Un frisson courut dans les os d'Hector. Il demanda le médecin. Le médecin leva les bras:

«Que voulez-vous, monsieur, je ne sais pas, moi. Elle hurle quand on essaye de la soulever. On ne peut même changer de place son fauteuil sans lui
28 faire pousser des cris déchirants. Je dois croire ce
29 qu'elle me dit, monsieur; je ne suis pas dedans.

«Das ist, als wenn ich Feuer in den Eingeweiden drin hätte.»

Ein Arzt trat heran:

«Sie sind der Verursacher dieses Unfalls?»

«Ja.»

«Man sollte die Frau in eine Klinik schaffen; ich kenne eine, wo man sie für sechs Franken pro Tag aufnehmen würde. Soll ich mich darum kümmern?»

Sehr erfreut dankte Hector und ging erleichtert nach Hause.

Seine Frau erwartete ihn in Tränen. Er beruhigte sie:

«Es ist nicht schlimm, es geht dieser Frau Simon schon besser, in drei Tagen wird nichts von der Sache nachgeblieben sein; ich habe sie in eine Klinik schaffen lassen, es ist nicht schlimm.»

Nicht schlimm!

Als er am nächsten Tage aus dem Büro kam, ging er hin, um sich zu erkundigen, wie es Frau Simon heute gehe. Er traf sie an, wie sie gerade mit zufriedener Miene eine fette Brühe aß.

«Na, wie geht's?» fragte er.

Sie entgegnete:

«Ach, mein lieber Herr, das wird nicht besser. Ich bin nun sozusagen erledigt. Kein bißchen besser.»

Der Arzt erklärte, man müsse abwarten, weil sich Komplikationen einstellen könnten.

Er wartete drei Tage und ging dann wieder hin. Die alte Frau hatte eine frische Hautfarbe und klare Augen, begann aber zu stöhnen, als sie ihn erblickte:

«Nicht mehr bewegen kann ich mich, lieber Herr, kann einfach nicht mehr. Mein Leben lang hab ich damit zu tun.»

Hector fröstelte es bis ins Mark. Er fragte nach dem Arzt. Der Arzt hob die Schultern:

«Was wollen Sie machen, mein Herr, ich weiß auch nicht, was das ist. Sie brüllt, wenn man sie aufzuheben versucht. Wir können nicht einmal ihren Sessel von der Stelle rücken, ohne daß sie entsetzliche Schreie ausstößt. Ich muß glauben, was sie mir sagt; ich stecke ja nicht in ihrer Haut. Solange

Tant que je ne l'aurai pas vue marcher, je n'ai pas le droit de supposer un mensonge de sa part.»

La vieille écoutait, immobile, l'œil sournois.

Huit jours se passèrent; puis quinze, puis un mois. Mme Simon ne quittait pas son fauteuil. Elle mangeait du matin au soir, engraissait, causait gaiement avec les autres malades, semblait accoutumée à l'immobilité comme si c'eût été le repos bien gagné par ses cinquante ans d'escaliers montés et descendus, de matelas retournés, de charbon porté d'étage en étage, de coups de balai et de coups de brosse.

Hector éperdu venait chaque jour; chaque jour il la trouvait tranquille et sereine, et déclarant:

«Je n' peux pu remuer, mon pauv' monsieur, je n' peux pu.»

Chaque soir, Mme de Gribelin demandait, dévorée d'angoisses:

«Et Mme Simon?»

Et, chaque fois, il répondait avec un abattement désespéré:

«Rien de changé, absolument rien!»

On renvoya la bonne, dont les gages devenaient trop lourds. On économisa davantage encore; la gratification tout entière y passa.

Alors Hector assembla quatre grands médecins qui se réunirent autour de la vieille. Elle se laissa examiner, tâter, palper, en les guettant d'un œil malin.

«Il faut la faire marcher,» dit l'un.

Elle s'écria:

«Je n' peux pu, mes bons messieurs, je n' peux pu!»

Alors ils l'empoignèrent, la soulevèrent, la traînèrent quelques pas; mais elle leur échappa des mains et s'écroula sur le plancher en poussant des
30 clameurs si épouvantables qu'ils la reportèrent sur
31 son siège avec des précautions infinies.

ich nicht gesehen habe, daß sie geht, habe ich kein Recht, anzunehmen, daß sie mich belügt.»

Die Alte hörte zu, unbewegt, mit verschlagenem Blick.

Acht Tage verstrichen, vierzehn Tage, ein Monat. Frau Simon verließ ihren Sessel nicht. Sie aß von morgens bis abends, wurde immer dicker, unterhielt sich angeregt mit den anderen Kranken und schien sich mit der Unbeweglichkeit abzufinden, als sei dies die wohlverdiente Erholung nach fünfzig Jahren Laufen treppauf und treppab, Matratzenwenden, Kohlenschleppen von Stockwerk zu Stockwerk, Fegen und Bürsten.

Hector kam jeden Tag, völlig verzweifelt; jeden Tag fand er sie ruhig und heiter. Jedesmal erklärte sie:

«Gar nicht mehr bewegen kann ich mich, mein lieber Herr, ich kann es nicht mehr.»

Jeden Abend fragte Madame de Gribelin, von Angst verzehrt:

«Und Frau Simon?»

Und jedesmal antwortete er, verzweifelt und niedergeschlagen:

«Unverändert, ganz unverändert!»

Sie entließen das Mädchen, dessen Lohn sie zu teuer kam. Sie sparten noch mehr als früher, und doch ging die ganze Gratifikation drauf.

Da zog Hector vier berühmte Ärzte hinzu, die sich um die Alte versammelten. Sie ließ sich untersuchen, befühlen und betasten; dabei beobachtete sie die Ärzte mit schlauem Blick.

«Wir müssen sie zum Gehen bringen», sagte der eine.

Sie schrie:

«Ich kann es nicht mehr, meine lieben Herren, ich kann es nicht mehr!»

Da faßten sie die Alte unter, hoben sie hoch und schleppten sie einige Schritte weit; aber sie glitt ihnen aus den Händen und fiel zu Boden. Dabei stieß sie so furchtbare Schreie aus, daß man sie mit unendlicher Behutsamkeit wieder auf ihren Sitz tragen mußte.

Ils émirent une opinion discrète, concluant cependant à l'impossibilité du travail.

Et, quand Hector apporta cette nouvelle à sa femme, elle se laissa choir sur une chaise en balbutiant:

«Il vaudrait encore mieux la prendre ici, ça nous coûterait moins cher.»

Il bondit:

«Ici, chez nous, y penses-tu?»

Mais elle répondit, résignée à tout maintenant, et avec des larmes dans les yeux:

«Que veux-tu, mon ami, ce n'est pas ma faute!...»

Sie gaben ein zurückhaltendes Urteil ab, schlossen aber auf Arbeitsunfähigkeit.

Als Hector seiner Frau diese Nachricht überbrachte, ließ sie sich auf einen Stuhl fallen und stammelte:

«Vielleicht wäre es besser, sie zu uns zu nehmen, das würde uns weniger kosten.»

Er sprang auf:

«Zu uns? Hierher? Wo denkst du hin?»

Sie aber erwiderte, in alles jetzt ergeben und mit Tränen in den Augen:

«Was willst du, lieber Freund, ich kann doch nichts dafür! ...»

Je connaissais ce grand garçon qui s'appelait René de Bourneval. Il était de commerce aimable, bien qu'un peu triste, semblait revenu de tout, fort sceptique, d'un scepticisme précis et mordant, habile surtout à désarticuler d'un mot les hypocrisies mondaines. Il répétait souvent: «Il n'y a pas d'hommes honnêtes; ou du moins ils ne le sont que relativement aux crapules.»

Il avait deux frères qu'il ne voyait point, MM. de Courcils. Je le croyais d'un autre lit, vu leurs noms différents. On m'avait dit à plusieurs reprises qu'une histoire étrange s'était passée en cette famille, mais sans donner aucun détail.

Cet homme me plaisant tout à fait, nous fûmes bientôt liés. Un soir, comme j'avais dîné chez lui en tête à tête, je lui demandai par hasard: «Êtes-vous né du premier ou du second mariage de madame votre mère?» Je le vis pâlir un peu, puis rougir; et il demeura quelques secondes sans parler, visiblement embarrassé. Puis il sourit d'une façon mélancolique et douce qui lui était particulière, et il dit: «Mon cher ami, si cela ne vous ennuie point, je vais vous donner sur mon origine des détails bien singuliers. Je vous sais un homme intelligent, je ne crains donc pas que votre amitié en souffre, et si elle en devait souffrir, je ne tiendrais plus alors à vous avoir pour ami.»

Ma mère, Mme de Courcils, était une pauvre petite femme timide, que son mari avait épousée pour sa fortune. Toute sa vie fut un martyre. D'âme aimante, craintive, délicate, elle fut rudoyée sans répit par celui qui aurait dû être mon père, un de ces rustres qu'on appelle des gentilshommes campagnards. Au bout d'un mois de mariage, il vivait avec une servante. Il eut en outre pour maîtresses

Das Testament

Ich kannte den hoch aufgeschossenen jungen Mann, René de Bourneval. Er hatte ein angenehmes, wenn auch ein wenig schwermütiges Wesen und wirkte über alles erhaben, sehr skeptisch, von einer präzisen und beißenden Skepsis, die vor allem dafür gut war, mit einem Wort eine gesellschaftliche Scheinheiligkeit zu zerfetzen. Oft sagte er: «Es gibt keine anständigen Männer, allenfalls im Vergleich mit den Schuften.»

Er hatte zwei Brüder, mit denen er nicht verkehrte, die Herren de Courcils. Wegen der Namensverschiedenheit nahm ich an, sie entstammten verschiedenen Ehen. Man hatte mir mehrmals gesagt, ohne mir Einzelheiten mitzuteilen, es habe sich in dieser Familie ein seltsamer Vorfall zugetragen.

Da mir der Mann wirklich gut gefiel, waren wir bald enger verbunden. Eines Abends, als ich unter vier Augen mit ihm zu Abend gegessen hatte, fragte ich ihn beiläufig: «Stammen Sie aus der ersten oder zweiten Ehe Ihrer Frau Mutter?» Ich sah, wie er etwas blaß, dann rot wurde; wenige Sekunden lang sagte er nichts, war sichtlich verlegen. Dann lächelte er so melancholisch und sanft, wie es seine Art war, und sagte: «Mein lieber Freund, wenn es Ihnen nichts ausmacht, will ich Ihnen über mein Herkommen sehr merkwürdige Aufschlüsse geben. Ich weiß, Sie sind ein einsichtiger Mensch, fürchte also nicht, daß unsere Freundschaft darunter leidet – und sollte sie doch leiden, so wäre mir nicht mehr daran gelegen, Sie zum Freunde zu haben.»

Meine Mutter, Frau de Courcils, war ein armes schüchternes Frauchen; ihr Mann hatte sie wegen ihres Vermögens geheiratet. Ihr Leben war ein einziges Martyrium. Die liebevolle, ängstliche, zarte Seele wurde ohne Unterlaß angeschnauzt von dem, der mein Vater hätte sein sollen, einem der Grobiane, die man «Landedelleute» nennt. Nach einem Monat Ehe lebte er mit einer Dienstmagd zusammen. Außerdem holte er sich die Weiber und Töchter seiner Päch-

les femmes et les filles de ses fermiers; ce qui ne l'empêcha point d'avoir deux enfants de sa femme; on devrait compter trois, en me comprenant. Ma mère ne disait rien; elle vivait dans cette maison toujours bruyante comme ces petites souris qui glissent sous les meubles. Effacée, disparue, frémissante, elle regardait les gens de ses yeux inquiets et clairs, toujours mobiles, des yeux d'être effaré que la peur ne quitte pas. Elle était jolie pourtant, fort jolie, toute blonde d'un blond gris, d'un blond timide; comme si ses cheveux avaient été un peu décolorés par ses craintes incessantes.

Parmi les amis de M. de Courcils qui venaient constamment au château, se trouvait un ancien officier de cavalerie, veuf, homme redouté, tendre et violent, capable des résolutions les plus énergiques, M. de Bourneval, dont je porte le nom. C'était un grand gaillard maigre, avec de grosses moustaches noires. Je lui ressemble beaucoup. Cet homme avait lu, et ne pensait nullement comme ceux de sa classe. Son arrière-grand'mère avait été une amie de J.-J. Rousseau, et on eût dit qu'il avait hérité quelque chose de cette liaison d'une ancêtre. Il savait par cœur le *Contrat social*, la *Nouvelle Héloïse* et tous ces livres philosophants qui ont préparé de loin le futur bouleversement de nos antiques usages, de nos préjugés, de nos lois surannées, de notre morale imbécile.

Il aima ma mère, paraît-il, et un fut aimé. Cette liaison demeura tellement secrète que personne ne la soupçonna. La pauvre femme, délaissée et triste, dut s'attacher à lui d'une façon désespérée, et prendre dans son commerce toutes ses manières de penser, des théories de libre sentiment, des audaces d'amour indépendant; mais, comme elle était si craintive qu'elle n'osait jamais parler haut, tout cela fut refoulé, condensé, pressé en son cœur qui ne s'ouvrit jamais.

ter ins Bett, was ihn nicht hinderte, von seiner Frau zwei Kinder zu haben, mich eingerechnet wären es drei. Meine Mutter sagte nichts; sie lebte in diesem ständig lärmerfüllten Haus wie die kleinen Mäuse, die unter den Möbeln herumhuschen.

Unauffällig, unbemerkt, zitternd betrachtete sie die Menschen aus ihren unruhigen, hellen, stets in Bewegung befindlichen Augen, den Augen eines scheuen Wesens, das sich nie von seiner Angst freimachen kann. Dabei war sie hübsch, sehr hübsch sogar, hellblond, aschblond, unscheinbar blond, als sei ihr Haar von ihrer ständigen Furcht ein wenig gebleicht worden.

Unter den Freunden des Herrn de Courcils, die regelmäßig aufs Schloß kamen, war ein verwitweter Kavallerieoffizier a. D., ein gefürchteter Mann, empfindlich und schroff, der nachdrücklichsten Entschlüsse fähig, Herr de Bourneval, dessen Namen ich trage. Er war ein großer hagerer Mensch mit einem dicken schwarzen Schnurrbart. Ich sehe ihm sehr ähnlich. Dieser Mann war belesen und hatte durchaus andere Ansichten als die Leute seiner Klasse.

Seine Urgroßmutter war mit J.-J. Rousseau befreundet gewesen, und man hätte meinen können, er habe etwas aus dieser Beziehung seiner Vorfahrin geerbt. Er kannte den «Gesellschaftsvertrag», die «Neue Heloise» und all die philosophierenden Werke, die weit im voraus der künftigen Umwälzung unserer althergebrachten Sitten, Vorurteile, überholten Gesetze und törichten Moral den Weg bereitet haben.

Wie es scheint, liebte er meine Mutter und wurde von ihr geliebt. Diese Verbindung blieb so geheim, daß niemand sie auch nur vermutete. Die arme, vereinsamte, betrübte Frau muß sich geradezu verzweifelt an ihn geklammert, im Umgang mit ihm alle seine Vorstellungen und Theorien von der Freiheit der Gefühle, von der Kühnheit ungebundener Liebe übernommen haben; da sie aber so ängstlich war, daß sie niemals auch nur laut zu sprechen wagte, wurde das alles in ihr Herz weggedrängt, konzentriert, gedrückt, das sich niemals öffnete.

Mes deux frères étaient durs pour elle, comme leur père, ne la caressaient point, et, habitués à ne la voir compter pour rien dans la maison, la traitaient un peu comme une bonne.

Je fus le seul de ses fils qui l'aimât vraiment et qu'elle aimât.

Elle mourut. J'avais alors dix-huit ans. Je dois ajouter, pour que vous compreniez ce qui va suivre, que son mari était doté d'un conseil judiciaire, qu'une séparation de biens avait été prononcée au profit de ma mère, qui avait conservé, grâce aux artifices de la loi et au dévouement intelligent d'un notaire, le droit de tester à sa guise.

Nous fûmes donc prévenus qu'un testament existait chez ce notaire, et invités à assister à la lecture.

Je me rappelle cela comme d'hier. Ce fut une scène grandiose, dramatique, burlesque, surprenante, amenée par la révolte posthume de cette morte, par ce cri de liberté, cette revendication du fond de la tombe de cette martyre écrasée par nos mœurs durant sa vie, et qui jetait, de son cercueil clos, un appel désespéré vers l'indépendance.

Celui qui se croyait mon père, un gros homme sanguin éveillant l'idée d'un boucher, et mes frères, deux forts garçons de vingt et de vingt-deux ans, attendaient tranquilles sur leurs sièges. M. de Bourneval, invité à se présenter, entra et se plaça derrière moi. Il était serré dans sa redingote, fort pâle, et il mordillait souvent sa moustache, un peu grise à présent. Il s'attendait sans doute à ce qui allait se passer.

Le notaire ferma la porte à double tour et commença la lecture, après avoir décacheté devant nous l'enveloppe scellée à la cire rouge et dont il ignorait le contenu.

38 Brusquement mon ami se tut, se leva, puis il alla
39 prendre dans son secrétaire un vieux papier, le dé-

Meine zwei Brüder gingen hart mit ihr um wie ihr Vater, gönnten ihr kein liebevolles Wort, und da sie gewöhnt waren, daß sie im Hause für nichts zählte, behandelten sie sie eher wie ein Dienstmädchen.

Ich war der einzige ihrer Söhne, der sie wirklich liebte und den sie liebte.

Sie starb, als ich achtzehn Jahre alt war. Damit Sie das Folgende verstehen, muß ich hinzufügen, daß ihr Ehemann einen Vermögensvormund hatte und daß Gütertrennung angeordnet war im Interesse meiner Mutter, die dank juristischer Vorkehrungen und der klugen Hilfsbereitschaft eines Notars das Recht behalten hatte, nach Gutdünken zu testieren.

Wir erfuhren also, daß ein Testament bei diesem Notar vorliege, und wir wurden zur Eröffnung eingeladen.

Ich erinnere mich, als wäre es gestern gewesen. Es war ein großartiger, dramatischer, burlesker, überraschender Auftritt, zustande gekommen durch die postume Auflehnung dieser toten Frau, durch diesen Schrei der Freiheit, diesen Appell aus dem Grabe einer Märtyrerin, die von unseren Sitten zeitlebens erdrückt worden war und nun aus dem geschlossenen Sarg einen verzweifelten Ruf nach Selbständigkeit ertönen ließ.

Der Mann, der sich für meinen Vater hielt, ein schwerer, vollblütiger Mensch, bei dessen Anblick man an einen Metzger dachte, und meine Brüder, zwei kräftige junge Männer von zwanzig und zweiundzwanzig, warteten geduldig auf ihren Stühlen. Herr de Bourneval, der auch geladen war, kam herein und setzte sich hinter mich. Er stak in einem engen Gehrock, war sehr blaß und nagte immerzu an seinem Schnurrbart, der schon ein wenig grau geworden war. Er war sicherlich gefaßt auf das, was da kommen sollte.

Der Notar schloß die Tür doppelt ab und begann mit der Verlesung, nachdem er vor unseren Augen den mit rotem Lack versiegelten Umschlag geöffnet hatte, dessen Inhalt er nicht kannte.

Mein Freund schwieg unvermittelt, stand auf, trat an seinen Sekretär und entnahm ihm ein altes Dokument, das er ent-

plia, le baisa longuement, et il reprit: Voici le testament de ma bien-aimée mère:

«Je, soussignée, Anne-Catherine-Geneviève-Mathilde de Croixluce, épouse légitime de Jean-Léopold-Joseph-Gontran de Courcils, saine de corps et d'esprit, exprime ici mes dernières volontés.

«Je demande pardon à Dieu d'abord, et ensuite à mon cher fils René, de l'acte que je vais commettre. Je crois mon enfant assez grand de cœur pour me comprendre et me pardonner. J'ai souffert toute ma vie. J'ai été épousée par calcul, puis méprissée, méconnue, opprimée, trompée sans cesse par mon mari.

«Je lui pardonne, mais je ne lui dois rien.

«Mes fils aînés ne m'ont point aimée, ne m'ont point gâtée, m'ont à peine traitée comme une mère.

«J'ai été pour eux, durant ma vie, ce que je devais être; je ne leur dois plus rien après ma mort. Les liens du sang n'existent pas sans l'affection constante, sacrée, de chaque jour. Un fils ingrat est moins qu'un étranger; c'est un coupable, car il n'a pas le droit d'être indifférent pour sa mère.

«J'ai toujours tremblé devant les hommes, devant leurs lois iniques, leurs coutumes inhumaines, leurs préjugés infâmes. Devant Dieu, je ne crains plus. Morte, je rejette de moi la honteuse hypocrisie; j'ose dire ma pensée, avouer et signer le secret de mon cœur.

«Donc, je laisse en dépôt toute la partie de ma fortune dont la loi me permet de disposer, à mon amant bien-aimé Pierre-Germer-Simon de Bourneval, pour revenir ensuite à notre cher fils René.

«(Cette volonté est formulée en outre, d'une façon plus précise, dans un acte notarié.)

«Et, devant le juge suprême qui m'entend je dé-
40 clare que j'aurais maudit le ciel et l'existence si je
41 n'avais rencontré l'affection profonde, dévouée,

faltete und bedächtig küßte, bevor er fortfuhr: Dies ist das Testament meiner Mutter:

«Ich, die unterzeichnete Anne-Catherine-Geneviève-Mathilde de Croixluce, rechtmäßige Ehefrau des Jean-Léopold-Joseph-Gontran de Courcils, gesund an Körper und Geist, erkläre hiermit meinen letzten Willen.

Vor allem bitte ich Gott und nächst ihm meinen lieben Sohn René um Verzeihung für das, was ich hier tue. Ich halte mein Kind für hochherzig genug, daß es mich versteht und mir verzeiht. Ich habe mein Leben lang gelitten. Ich bin von meinem Ehemann aus Berechnung geheiratet und dann ohne Unterlaß verachtet, verkannt, unterdrückt und betrogen worden.

Ich verzeihe ihm, aber ich schulde ihm nichts.

Meine älteren Söhne haben mich nicht geliebt, haben mich nicht umsorgt, haben mich im Grunde nicht wie eine Mutter behandelt.

Ich war für sie mein Leben lang, was ich zu sein hatte; nach meinem Tode bin ich ihnen nichts mehr schuldig. Es gibt keine Blutsbande ohne die beständige, geheiligte, Tag für Tag geübte Liebe. Ein undankbarer Sohn ist weniger als ein Fremder; er ist strafwürdig, weil er nicht das Recht hat, seiner Mutter gegenüber gleichgültig zu sein.

Ich habe stets gezittert vor den Menschen, vor ihren ungerechten Gesetzen, ihren unmenschlichen Sitten, ihren schrecklichen Vorurteilen. Im Angesicht Gottes fürchte ich nichts mehr. Im Tode werfe ich die schändliche Verstellung ab; ich wage zu sagen, was ich denke, und das Geheimnis meines Herzens zu gestehen und mich dazu zu bekennen.

Ich vermache demnach den ganzen Teil meines Vermögens, über den ich nach dem Gesetz verfügen darf, meinem geliebten Freund Pierre-Germer-Simon de Bourneval als Vorerben und nach ihm unserem lieben Sohn René.

(Dieser letzte Wille ist zusätzlich eingehender in einer notariellen Urkunde niedergelegt.)

Und vor dem höchsten Richter, der mich hört, erkläre ich, daß ich den Himmel und das Leben verflucht hätte, wenn ich nicht die tiefe, treusorgende, unerschütterliche Liebe meines

tendre, inébranlable de mon amant, si je n'avais compris dans ses bras que le Créateur a fait les êtres pour s'aimer, se soutenir, se consoler, et pleurer ensemble dans les heures d'amertume.

«Mes deux fils aînés ont pour père M. de Courcils, René seul doit la vie à M. de Bourneval. Je prie le Maître des hommes et de leurs destinées de placer au-dessus des préjugés sociaux le père et le fils, de les faire s'aimer jusqu'à leur mort et m'aimer encore dans mon cercueil.

«Tels sont ma dernière pensée et mon dernier désir.

«MATHILDE DE CROIXLUCE.»

M. de Courcils s'était levé; il cria: «C'est là le testament d'une folle!» Alors M. de Bourneval fit un pas et déclara d'une voix forte, d'une voix tranchante: «Moi, Simon de Bourneval, je déclare que cet écrit ne renferme que la stricte vérité. Je suis prêt à le soutenir devant n'importe qui, et à le prouver même par les lettres que j'ai.»

Alors M. de Courcils marcha vers lui. Je crus qu'ils allaient se colleter. Ils étaient là, grands tous deux, l'un gros, l'autre maigre, frémissants. Le mari de ma mère articula en bégayant: «Vous êtes un misérable!» L'autre prononça du même ton vigoureux et sec: «Nous nous retrouverons autre part, Monsieur. Je vous aurais déjà souffleté et provoqué depuis longtemps si je n'avais tenu avant tout à la tranquillité, durant sa vie, de la pauvre femme que vous avez tant fait souffrir.»

Puis il se tourna vers moi: «Vous êtes mon fils. Voulez-vous me suivre? Je n'ai pas le droit de vous emmener, mais je le prends, si vous voulez bien m'accompagner.»

Je lui serrai la main sans répondre. Et nous sommes sortis ensemble. J'étais, certes, aux trois
42 quarts fou.

43 Deux jours plus tard M. de Bourneval tuait en

Freundes gefunden, wenn ich nicht in seinen Armen erfahren hätte, daß der Schöpfer die Menschen geschaffen hat, einander zu lieben, zu stützen, zu trösten und miteinander in bitteren Stunden zu weinen.

Meine zwei ältesten Söhne haben Herrn de Courcils zum Vater, nur René verdankt sein Leben Herrn de Bourneval. Ich bete zum Herrn über die Menschen und ihr Schicksal, daß er Vater und Sohn über die gesellschaftlichen Vorurteile erhaben sein und sie einander bis zu ihrem Tode und mich noch im Sarge lieben läßt.

Dies ist mein letzter Gedanke und mein letzter Wunsch.

MATHILDE DE CROIXLUCE.»

Herr de Courcils war aufgestanden; er rief: «Das ist das Testament einer Wahnsinnigen!» Darauf trat Herr de Bourneval einen Schritt vor und erklärte mit lauter, schneidender Stimme: «Ich, Simon de Bourneval, erkläre, daß dieses Schriftstück nichts enthält als die reine Wahrheit. Ich bin bereit, dies vor jedermann zu vertreten und es nötigenfalls durch Briefe zu beweisen, die ich besitze.»

Jetzt ging Herr de Courcils auf ihn zu. Ich glaubte, sie würden handgreiflich werden. Sie standen bebend einander gegenüber, beide groß, der eine massig, der andere hager. Der Gatte meiner Mutter brachte stammelnd heraus: «Sie sind ein Schuft!» Der andere äußerte in unverändert kräftigem, trockenen Ton: «Wir treffen uns an anderem Ort, Monsieur. Ich hätte Sie schon längst geohrfeigt und herausgefordert, wenn mir zu ihren Lebzeiten nicht vor allem an der Ruhe der armen Frau gelegen wäre, der Sie so viel Leid angetan haben.»

Dann wandte er sich mir zu: «Sie sind mein Sohn. Wollen Sie mir folgen? Ich habe nicht das Recht, Sie mitzunehmen, aber ich nehme es mir, wenn Sie mit mir kommen mögen.»

Ich drückte ihm die Hand, ohne zu antworten. Dann sind wir miteinander weggegangen. Ich war bestimmt dreiviertel von Sinnen.

Zwei Tage später tötete Herr de Bourneval im Duell

duel M. de Courcils. Mes frères, par crainte d'un affreux scandale, se sont tus. Je leur ai cédé et ils ont accepté la moitié de la fortune laissée par ma mère.

J'ai pris le nom de mon père véritable, renonçant à celui que la loi me donnait et qui n'était pas le mien.

M. de Bourneval est mort depuis cinq ans. Je ne suis point encore consolé.

Il se leva, fit quelques pas, et, se plaçant en face de moi: «Eh bien! je dis que le testament de ma mère est une des choses les plus belles, les plus loyales, les plus grandes qu'une femme puisse accomplir. N'est-ce pas votre avis?»

Je lui tendis les deux mains: «Oui, certainement, mon ami.»

Herrn de Courcils. Meine Brüder, die einen furchtbaren Skandal fürchteten, haben geschwiegen. Die Hälfte des Vermögens, das meine Mutter hinterlassen hat, habe ich ihnen abgetreten, und sie haben sie akzeptiert.

Ich habe den Namen meines wirklichen Vaters angenommen und auf den verzichtet, den mir das Gesetz gegeben hatte und der mir nicht anstand.

Herr de Bourneval ist seit fünf Jahren tot. Ich bin noch nicht darüber hinweg.

Er erhob sich, tat einige Schritte und sagte, indem er sich vor mich hinstellte: «Also ich behaupte, das Testament meiner Mutter ist eine der schönsten, redlichsten, großartigsten Taten, die eine Frau vollbringen kann. Finden Sie nicht auch?»

Ich reichte ihm beide Hände: «Ja, ganz gewiß, mein Freund.»

La Rempailleuse

C'était à la fin du dîner d'ouverture de chasse chez le marquis de Bertrans. Onze chasseurs, huit jeunes femmes et le médecin du pays étaient assis autour de la grande table illuminée, couverte de fruits et de fleurs.

On vint à parler d'amour, et une grande discussion s'éleva, l'éternelle discussion, pour savoir si on pouvait aimer vraiment une fois ou plusieurs fois. On cita des exemples de gens n'ayant jamais eu qu'un amour sérieux; on cita aussi d'autres exemples de gens ayant aimé souvent, avec violence. Les hommes, en général, prétendaient que la passion, comme les maladies, peut frapper plusieurs fois le même être, et le frapper à le tuer si quelque obstacle se dresse devant lui. Bien que cette manière de voir ne fût pas contestable, les femmes, dont l'opinion s'appuyait sur la poésie bien plus que sur l'observation, affirmaient que l'amour, l'amour vrai, le grand amour, ne pouvait tomber qu'une fois sur un mortel, qu'il était semblable à la foudre, cet amour, et qu'un cœur touché par lui demeurait ensuite tellement vidé, ravagé, incendié, qu'aucun autre sentiment puissant, même aucun rêve, n'y pouvait germer de nouveau.

Le marquis ayant aimé beaucoup, combattait vivement cette croyance:

«Je vous dis, moi, qu'on peut aimer plusieurs fois avec toutes ses forces et toute son âme.

Vous me citez des gens qui se sont tués par amour, comme preuve de l'impossibilité d'une seconde passion. Je vous répondrai que, s'ils n'avaient pas commis cette bêtise de se suicider, ce qui leur enlevait toute chance de rechute, ils se seraient guéris; et ils auraient recommencé, et toujours, jusqu'à leur mort naturelle. Il en est des amoureux comme des

Die Stuhlflechterin

Es war am Ende des Essens anläßlich der Eröffnung der Jagdsaison beim Marquis von Bertrans. Elf Jäger, acht junge Frauen und der Arzt aus dem Dorf saßen um den großen, kerzenschimmernden, mit Früchten und Blumen bedeckten Tisch.

Man kam auf die Liebe zu sprechen, und es erhob sich ein großer Disput, der ewig gleiche Disput um die Frage, ob man nur einmal oder mehrmals wirklich lieben könne. Es wurden Beispiele von Menschen vorgebracht, die nur eine einzige ernstliche Liebe gehabt, es gab aber auch Gegenbeispiele von Leuten, die oft und heftig geliebt hatten. Die Männer waren in aller Regel der Meinung, die Leidenschaft könne wie manche Krankheiten mehrmals denselben Menschen befallen, ja, ihn tödlich treffen, wenn sich ihr ein Hindernis entgegenstelle. Obwohl diese Sicht der Dinge nicht zu bestreiten war, blieben die Frauen, deren Meinung sich sehr viel mehr auf Poesie als auf Beobachtung stützte, unbeirrbar dabei, daß die Liebe, die wahre Liebe, die große Liebe einem Sterblichen nur einmal widerfahren könne; sie sei nur dem Blitz vergleichbar, diese Liebe, und ein Herz, das von ihr getroffen worden sei, bleibe anschließend so leer, so wüst, so ausgebrannt zurück, daß kein anderes starkes Gefühl darin wieder Wurzel fassen könne, nicht einmal ein Traum.

Der Marquis, der viel geliebt hatte, bekämpfte diesen Aberglauben mit Nachdruck:

«Und ich, ich sage Ihnen, daß man mehrmals mit aller Macht und aus ganzer Seele lieben kann. Sie nennen mir da Leute, die sich aus Liebe umgebracht haben, als Beweis für die Unmöglichkeit einer zweiten Leidenschaft. Da kann ich nur sagen: Wären sie nicht so töricht gewesen, Selbstmord zu begehen, was ihnen jede Chance für einen Rückfall genommen hat, wären sie geheilt worden und hätten wieder angefangen, immer wieder, bis zu ihrem natürlichen Lebensende. Mit den Liebenden ist es wie mit den Trinkern: Wer einmal trinkt, trinkt immer wieder – wer einmal liebt, liebt

ivrognes. Qui a bu boira – qui a aimé aimera. C'est une affaire de tempérament, cela.»

On prit pour arbitre le docteur, vieux médecin parisien retiré aux champs, et on le pria de donner son avis.

Justement il n'en avait pas:

«Comme l'a dit le marquis, c'est une affaire de tempérament; quant à moi, j'ai eu connaissance d'une passion qui dura cinquante-cinq ans sans un jour de répit, et qui ne se termina que par la mort.»

La marquise battit des mains.

«Est-ce beau cela! Et quel rêve d'être aimé ainsi! Quel bonheur de vivre cinquante-cinq ans tout enveloppé de cette affection acharnée et pénétrante! Comme il a dû être heureux et bénir la vie celui qu'on adora de la sorte!»

Le médecin sourit:

«En effet, Madame, vous ne vous trompez pas sur ce point, que l'être aimé fut un homme. Vous le connaissez, c'est M. Chouquet, le pharmacien du bourg. Quant à elle, la femme, vous l'avez connue aussi, c'est la vieille rempailleuse de chaises qui venait tous les ans au château. Mais je vais me faire mieux comprendre.»

L'enthousiasme des femmes était tombé; et leur visage dégoûté disait: «Pouah!» comme si l'amour n'eût dû frapper que des êtres fins et distingués, seuls dignes de l'intérêt des gens comme il faut.

Le médecin reprit:

J'ai été appelé, il y a trois mois, auprès de cette vieille femme, à son lit de mort. Elle était arrivée, la veille, dans la voiture qui lui servait de maison, traînée par la rosse que vous avez vue, et accompagnée de ses deux grands chiens noirs, ses amis et ses gardiens. Le curé était déjà là. Elle nous fit ses
48 exécuteurs testamentaires, et, pour nous dévoiler
49 le sens de ses volontés dernières, elle nous raconta

immer wieder. Das ganze ist nur eine Frage des Temperaments.»

Man rief den Doktor zum Schiedsrichter an, einen alten Pariser Arzt, der sich aufs Land zurückgezogen hatte, und forderte ihn auf, seine Meinung zu sagen.

Aber gerade er hatte keine:

«Wie der Marquis gesagt hat, es ist eine Frage des Temperaments; allerdings habe ich selbst eine Leidenschaft beobachtet, die fünfundfünfzig Jahre vorgehalten hat, ohne einen Tag Pause, und erst mit dem Tod zu Ende gegangen ist.»

Die Marquise klatschte in die Hände.

«Ist das schön! Welch ein Traum, so geliebt zu werden! Welch ein Glück, fünfundfünfzig Jahre ganz eingehüllt in diese beharrliche, tiefgehende Neigung zu leben! Wie glücklich muß er gewesen sein, wie muß er das Leben preisen, der so vergöttert worden ist!»

Der Arzt sagte lächelnd:

«Ganz recht, Madame, Sie täuschen sich nicht darin, daß das geliebte Wesen ein Mann war. Sie kennen ihn, es ist Herr Chouquet, der Apotheker im Dorf. Und die Frau, die haben Sie auch gekannt, es ist die alte Stuhlflechterin, die jedes Jahr aufs Schloß kam. Aber ich will mich klarer ausdrücken.»

Das Entzücken der Frauen hatte nachgelassen, und ihr angewiderter Gesichtsausdruck besagte: «Pfui!» – als dürfe die Liebe eigentlich nur zarte, vornehme Wesen treffen, weil nur sie des Interesses der Menschen von Lebensart würdig waren.

Der Arzt fuhr fort:

Vor etwa drei Monaten bin ich zu dieser alten Frau an ihr Sterbelager gerufen worden. Sie war am Abend zuvor eingetroffen in dem Wagen, der ihr als Wohnung diente, gezogen von dem Pferd, das Sie gesehen haben, und in Begleitung ihrer zwei großen schwarzen Hunde, ihren Freunden und Beschützern. Der Pfarrer war schon da. Sie machte uns zu ihren Testamentsvollstreckern, und um uns den tieferen Sinn ihres letzten Willens zu enthüllen, erzählte sie

toute sa vie. Je ne sais rien de plus singulier et de plus poignant.

Son père était rempailleur et sa mère rempailleuse. Elle n'a jamais eu de logis planté en terre.

Toute petite, elle errait, haillonneuse, vermineuse, sordide. On s'arrêtait à l'entrée des villages, le long des fossés; on dételait la voiture; le cheval broutait; le chien dormait, le museau sur ses pattes; et la petite se roulait dans l'herbe pendant que le père et la mère rafistolaient, à l'ombre des ormes du chemin, tous les vieux sièges de la commune. On ne parlait guère, dans cette demeure ambulante. Après les quelques mots nécessaires pour décider qui ferait le tour des maisons en poussant le cri bien connu: «Remmmpailleur de chaises!» on se mettait à tortiller la paille, face à face ou côte à côte. Quand l'enfant allait trop loin ou tentait d'entrer en relations avec quelque galopin du village, la voix colère du père la rappelait: «Veux-tu bien revenir ici, crapule!» C'étaient les seuls mots de tendresse qu'elle entendait.

Quand elle devint plus grande, on l'envoya faire la récolte des fonds de sièges avariés. Alors elle ébaucha quelques connaissances de place en place avec les gamins; mais c'étaient alors les parents de ses nouveaux amis qui rappelaient brutalement leurs enfants: «Veux-tu bien venir ici, polisson! Que je te voie causer avec les va-nu-pieds!...»

Souvent les petits gars lui jetaient des pierres.

Des dames lui ayant donné quelques sous, elle les garda soigneusement.

Un jour – elle avait alors onze ans – comme elle passait par ce pays, elle rencontra derrière le cimetière le petit Chouquet qui pleurait parce qu'un camarade lui avait volé deux liards. Ces larmes d'un
50 petit bourgeois, d'un de ces petits qu'elle s'imagi-
51 nait, dans sa frêle caboche de déshéritée, être tou-

uns ihr ganzes Leben. Ich kenne nichts Großartigeres und Ergreifenderes.

Ihr Vater war Stuhlflechter, ihre Mutter Stuhlflechterin gewesen. Sie hat niemals eine fest mit dem Boden verbundene Behausung gehabt.

Als sie ganz klein war, trieb sie sich zerlumpt, verlaust, dreckig herum. Man hielt am Dorfeingang oder am Straßengraben, schirrte ab und ließ das Pferd grasen; der Hund schlief, die Schnauze auf den Pfoten; die Kleine wälzte sich im Gras, während Vater und Mutter im Schatten der Ulmen am Wegrand alle alten Stuhlsitze der Gemeinde flickten. Gesprochen wurde in dieser mobilen Wohnstatt kaum. Nach den wenigen Worten, die erforderlich waren, um zu bestimmen, wer die Häuser abklappern sollte mit dem althergebrachten Ruf: «Stuhllllflechter!» machte man sich daran, das Stroh zusammenzudrehen, einander gegenüber oder nebeneinander. Lief die Tochter zu weit weg oder versuchte sie, mit irgendeinem Knirps aus dem Dorf anzubändeln, rief die zornige Stimme des Vaters sie zurück: «Willst du wohl wieder herkommen, Miststück!» Das waren die einzigen Worte der Zuwendung, die sie zu hören bekam.

Als sie größer wurde, schickte man sie zum Einsammeln der beschädigten Stuhlsitze. Sie machte nun an einigen Orten flüchtige Bekanntschaften mit den Jungen, aber jetzt waren es die Eltern ihrer neuen Freunde, die ihre Kinder grob zurückriefen: «Willst du wohl herkommen, Bengel! Laß dich ja nicht dabei erwischen, daß du mit den Habenichtsen spielst! . . .»

Oft warfen die kleinen Knaben mit Steinen nach ihr.

Die Fünfcentimestücke, die sie von einigen Damen bekam, bewahrte sie sorgfältig auf.

Eines Tages, sie war elf Jahre alt damals, kam sie hier durchs Dorf und begegnete hinter dem Friedhof dem kleinen Chouquet, der weinte, weil ihm ein Spielkamerad einen halben Sous weggenommen hatte. Diese Tränen eines Bürgerjungen, eines der Kinder, von denen sie mit ihrem schwachen, unentwickelten Verstand gemeint hatte, sie seien immer zu-

jours contents et joyeux, la bouleversèrent. Elle s'approcha, et, quand elle connut la raison de sa peine, elle versa entre ses mains toutes ses économies, sept sous, qu'il prit naturellement, en essuyant ses larmes. Alors, folle de joie, elle eut l'audace de l'embrasser. Comme il considérait attentivement sa monnaie, il se laissa faire. Ne se voyant ni repoussée, ni battue, elle recommença; elle l'embrassa à pleins bras, à plein cœur. Puis elle se sauva.

Que se passa-t-il dans cette misérable tête? S'est-elle attachée à ce mioche parce qu'elle lui avait sacrifié sa fortune de vagabonde, ou parce qu'elle lui avait donné son premier baiser tendre? Le mystère est le même pour les petits que pour les grands.

Pendant des mois, elle rêva de ce coin de cimetière et de ce gamin. Dans l'espérance de le revoir elle vola ses parents, grappillant un sou par-ci, un sou par-là, sur un rempaillage, ou sur les provisions qu'elle allait acheter.

Quand elle revint, elle avait deux francs dans sa poche, mais elle ne put qu'apercevoir le petit pharmacien, bien propre, derrière les carreaux de la boutique paternelle, entre un bocal rouge et un ténia.

Elle ne l'en aima que davantage, séduite, émue, extasiée par cette gloire de l'eau colorée, cette apothéose des cristaux luisants.

Elle garda en elle son souvenir ineffaçable, et, quand elle le rencontra, l'an suivant, derrière l'école, jouant aux billes avec ses camarades, elle se jeta sur lui, le saisit dans ses bras, et le baisa avec tant de violence qu'il se mit à hurler de peur. Alors, pour l'apaiser, elle lui donna son argent: trois francs vingt, un vrai trésor, qu'il regardait avec des yeux agrandis.

Il le prit et se laissa caresser tant qu'elle voulut.

Pendant quatre ans encore, elle versa entre ses
52 mains toutes ses réserves, qu'il empochait avec
53 conscience en échange de baisers consentis. Ce fut

frieden und heiter, erschütterten sie. Sie ging zu ihm hin, und als sie den Grund seines Schmerzes erfahren hatte, drückte sie ihm sieben Sous, ihre ganzen Ersparnisse, in die Hände. Er nahm sie auch ganz selbstverständlich, indem er sich schon die Tränen abwischte. Und sie, ganz außer sich vor Freude, erkühnte sich, ihn zu küssen. Da er aufmerksam seine Geldstücke betrachtete, ließ er es sich gefallen. Als sie sah, daß sie weder zurückgestoßen noch geschlagen wurde, machte sie weiter; sie umarmte ihn richtig und ganz fest. Dann lief sie davon.

Was ging in diesem beklagenswerten Köpfchen vor? Hat sie sich an diesen Dreikäsehoch gehängt, weil sie ihm ihr Landstreichervermögen geopfert oder weil sie ihm ihren ersten zärtlichen Kuß gegeben hatte? Das Geheimnis bleibt das gleiche, bei klein und groß.

Monatelang träumte sie von dieser Ecke am Friedhof und von diesem Jungen. In der Hoffnung, ihn wiederzusehen, bestahl sie ihre Eltern, schnappte sich einen Sou hier, einen dort, von einer Flechtarbeit oder von den Einkäufen, zu denen sie geschickt wurde.

Als sie wieder herkam, hatte sie zwei Franken in der Tasche, aber sie konnte den kleinen Apothekerssohn nur ganz proper hinter den Fenstern des väterlichen Ladens zwischen einem roten Vorratsglas und einem Bandwurm erblicken.

Sie liebte ihn nur um so mehr, verführt, gerührt, hingerissen von dem Glorienschein aus gefärbtem Wasser, von der Apotheose aus leuchtenden Kristallgläsern.

Sie bewahrte sein Andenken unauslöschlich in der Seele, und als sie ihn im Jahr darauf hinter der Schule traf, wie er mit seinen Kameraden Murmeln spielte, stürzte sie sich auf ihn, packte ihn am Arm und küßte ihn so heftig ab, daß er vor Angst zu schreien begann. Daraufhin gab sie ihm, um ihn zu beruhigen, ihr Geld: drei Franken zwanzig, einen richtigen Schatz, den er mit aufgerissenen Augen anstarrte.

Er griff zu und ließ sich liebkosen, so viel sie wollte.

Noch weitere vier Jahre lieferte sie alle ihre Ersparnisse bei ihm ab, und er kassierte sie gewissenhaft ein im Tausch gegen gewährte Küsse. Einmal waren es anderthalb, ein-

une fois trente sous, une fois deux francs, une fois douze sous (elle en pleura de peine et d'humiliation, mais l'année avait été mauvaise) et la dernière fois, cinq francs, une grosse pièce ronde, qui le fit rire d'un rire content.

Elle ne pensait plus qu'à lui; et il attendait son retour avec une certaine impatience, courait au-devant d'elle en la voyant, ce qui faisait bondir le cœur de la fillette.

Puis il disparut. On l'avait mis au collège. Elle le sut en interrogeant habilement. Alors elle usa d'une diplomatie infinie pour changer l'itinéraire de ses parents et les faire passer par ici au moment des vacances. Elle y réussit, mais après un an de ruses. Elle était donc restée deux ans sans le revoir; et elle le reconnut à peine, tant il était changé, grandi, embelli, imposant dans sa tunique à boutons d'or. Il feignit de ne pas la voir et passa fièrement près d'elle.

Elle en pleura pendant deux jours; et depuis lors elle souffrit sans fin.

Tous les ans elle revenait; passait devant lui sans oser le saluer et sans qu'il daignât même tourner les yeux vers elle. Elle l'aimait éperdument. Elle me dit: «C'est le seul homme que j'aie vu sur la terre, monsieur le Médecin; je ne sais pas si les autres existaient seulement.»

Ses parents moururent. Elle continua leur métier, mais elle prit deux chiens au lieu d'un, deux terribles chiens qu'on n'aurait pas osé braver.

Un jour, en rentrant dans ce village où son cœur était resté, elle aperçut une jeune femme qui sortait de la boutique Chouquet au bras de son bien-aimé. C'était sa femme. Il était marié.

Le soir même, elle se jeta dans la mare qui est sur la place de la Mairie. Un ivrogne attardé la repêcha, et la porta à la pharmacie. Le fils Chouquet descendit en robe de chambre, pour la soigner, et,

mal waren es zwei Franken, einmal sechzig Centimes (sie weinte vor Gram und Beschämung, aber das Jahr war schlecht gewesen) und beim letzten Treffen fünf Franken, ein dickes rundes Geldstück, das ihm ein befriedigtes Lachen entlockte.

Sie dachte nur noch an ihn, und er wartete mit einer gewissen Ungeduld auf ihre Wiederkehr, lief ihr entgegen, sobald er sie erblickte, was ihr Mädchenherz hochschlagen ließ.

Dann verschwand er. Man hatte ihn ins Internat gebracht, was sie durch geschicktes Nachfragen herausbrachte. Nun ging sie unendlich diplomatisch vor, um den Reiseplan ihrer Eltern zu ändern und sie in der Ferienzeit hier durchkommen zu lassen. Es gelang ihr, aber es bedurfte dazu der List eines ganzen Jahres. Zwei Jahre hatte sie ihn jetzt nicht mehr gesehen, und sie erkannte ihn kaum wieder, so anders, größer, schöner, eindrucksvoller war er geworden in seiner Schuluniform mit den goldenen Knöpfen. Er tat, als sähe er sie nicht, und ging stolz an ihr vorbei.

Zwei Tage weinte sie darüber, und dann litt sie, ohne Ende.

Jedes Jahr kehrte sie zurück, kam an ihm vorbei, ohne daß sie ihn zu grüßen wagte und ohne daß er auch nur den Blick nach ihr zu wenden geruhte. Sie liebte ihn über alle Maßen. Sie hat mir gesagt: «Er ist der einzige Mann, den ich auf dieser Welt angeschaut habe, Herr Doktor; ich weiß nicht, ob es überhaupt noch andere gegeben hat.»

Ihre Eltern starben. Sie übernahm ihren Beruf und schaffte sich nur zwei Hunde an statt des einen, schreckliche Hunde, mit denen sich niemand anzulegen gewagt hätte.

Eines Tages, als sie wieder einmal in dieses Dorf kam, wo sie ihr Herz verloren hatte, sah sie eine junge Frau, die am Arm ihres Angebeteten aus dem Laden der Chouquets kam. Es war seine Frau. Er war verheiratet.

Noch am selben Abend sprang sie in den Teich auf dem Rathausplatz. Ein später Betrunkener fischte sie heraus und trug sie zur Apotheke. Chouquet junior kam im Schlafrock herunter, um sie zu versorgen, und offenbar ohne sie zu

sans paraître la reconnaître, la déshabilla, la frictionna, puis il lui dit d'une voix dure: «Mais vous êtes folle? Il ne faut pas être bête comme ça!»

Cela suffit pour la guérir. Il lui avait parlé! Elle était heureuse pour longtemps.

Il ne voulut rien recevoir en rémunération de ses soins, bien qu'elle insistât vivement pour le payer.

Et tout sa vie s'écoula ainsi. Elle rempaillait en songeant à Chouquet. Tous les ans, elle l'apercevait derrière ses vitraux. Elle prit l'habitude d'acheter chez lui des provisions de menus médicaments. De la sorte elle le voyait de près, et lui parlait, et lui donnait encore de l'argent.

Comme je vous l'ai dit en commençant, elle est morte ce printemps. Après m'avoir raconté toute cette triste histoire, elle me pria de remettre à celui qu'elle avait si patiemment aimé toutes les économies de son existence, car elle n'avait travaillé que pour lui, disait-elle, jeûnant même pour mettre de côté, et être sûre qu'il penserait à elle, au moins une fois, quand elle serait morte.

Elle me donna donc deux mille trois cent vingt-sept francs. Je laissai à M. le curé les vingt-sept francs pour l'enterrement, et j'emportai le reste quand elle eut rendu le dernier soupir.

Le lendemain, je me rendis chez les Chouquet. Ils achevaient de déjeuner, en face l'un de l'autre, gros et rouges, fleurant les produits pharmaceutiques, importants et satisfaits.

On me fit asseoir; on m'offrit un kirsch, que j'acceptai; et je commençai mon discours d'une voix émue, persuadé qu'ils allaient pleurer.

Dès qu'il eut compris qu'il avait été aimé de cette vagabonde, de cette rempailleuse, de cette rouleuse, Chouquet bondit d'indignation, comme si elle lui avait volé sa réputation, l'estime des honnêtes gens, son honneur intime, quelque chose de délicat qui lui était plus cher que la vie.

erkennen zog er sie aus, rieb sie ein und sagte dann mit harter Stimme zu ihr: «Aber sind Sie denn von Sinnen? So dumm darf man doch nicht sein.»

Das genügte, um sie zu heilen. Er hatte mit ihr gesprochen! Sie war glücklich, für lange Zeit.

Er wollte kein Geld für seine Mühewaltung annehmen, obwohl sie nachdrücklich darauf bestand, ihn zu bezahlen.

Und so verging ihr ganzes Leben. Sie flocht Stuhlsitze und dachte dabei an Chouquet. Jahr für Jahr sah sie ihn hinter seinen bunten Fenstern. Sie nahm die Gewohnheit an, bei ihm Vorräte von harmlosen Arzneimitteln zu kaufen. So sah sie ihn von nahem und sprach mit ihm und gab ihm nach wie vor Geld.

Wie ich es Ihnen zu Anfang sagte, ist sie in diesem Frühjahr gestorben. Nachdem sie mir die ganze traurige Geschichte erzählt hatte, bat sie mich, dem Mann, den sie so beständig geliebt hatte, alle Ersparnisse ihres Lebens zu überbringen, denn sie habe nur für ihn gearbeitet, sagte sie, habe sogar gefastet, um etwas zurückzulegen und sicher zu sein, daß er jedenfalls einmal, wenn sie tot war, an sie denken würde.

Sie übergab mir also zweitausenddreihundertsiebenundzwanzig Franken. Ich überließ dem Herrn Pfarrer die siebenundzwanzig Franken für die Beerdigung und nahm den Rest an mich, als sie ihren letzten Atemzug getan hatte.

Am Tag darauf begab ich mich zu den Chouquets. Sie waren gerade mit dem Mittagessen fertig und saßen dick und rot einander gegenüber, dufteten nach pharmazeutischen Präparaten, bedeutend und selbstzufrieden.

Man bot mir einen Stuhl an und nötigte mir einen Kirsch auf, den ich annahm; dann begann ich mit bewegter Stimme meine Rede, überzeugt, sie würden weinen.

Sobald er begriffen hatte, daß ihn diese Landstreicherin, diese Stuhlflechterin, diese Herumtreiberin geliebt hatte, geriet Chouquet vor Entrüstung außer sich, als habe man ihm sein Ansehen geraubt, die Achtung aller anständigen Leute, seine ureigenste Ehre, etwas ganz Zerbrechliches, das ihm teurer war als sein Leben.

Sa femme, aussi exaspérée que lui, répétait: «Cette gueuse! cette gueuse! cette gueuse!...» Sans pouvoir trouver autre chose.

Il s'était levé; il marchait à grands pas derrière la table, le bonnet grec chaviré sur une oreille. Il balbutiait: «Comprend-on ça, Docteur? Voilà de ces choses horribles pour un homme! Que faire? Oh! si je l'avais su de son vivant, je l'aurais fait arrêter par la gendarmerie et flanquer en prison. Et elle n'en serait pas sortie, je vous en réponds!»

Je demeurais stupéfait du résultat de ma démarche pieuse. Je ne savais que dire ni que faire. Mais j'avais à compléter ma mission. Je repris: «Elle m'a chargé de vous remettre ses économies, qui montent à deux mille trois cents francs. Comme ce que je viens de vous apprendre semble vous être fort désagréable, le mieux serait peut-être de donner cet argent aux pauvres.»

Ils me regardaient, l'homme et la femme, perclus de saisissement.

Je tirai l'argent de ma poche, du misérable argent de tous les pays et de toutes les marques, de l'or et des sous mêlés. Puis je demandai: «Que décidez-vous?»

Mme Chouquet parla la première: «Mais, puisque c'était sa dernière volonté, à cette femme... il me semble qu'il nous est bien difficile de refuser.»

Le mari, vaguement confus, reprit: «Nous pourrions toujours acheter avec ça quelque chose pour nos enfants.»

Je dis d'un air sec: «Comme vous voudrez.»

Il reprit: «Donnez toujours, puisqu'elle vous en a chargé; nous trouverons bien moyen de l'employer à quelque bonne œuvre.»

Je remis l'argent, je saluai et je partis.

58 Le lendemain Chouquet vint me trouver et, brus-
59 quement: «Mais elle a laissé ici sa voiture, cette...

Seine Frau, ebenso außer sich wie er, wiederholte: «So ein Lumpenweib! So ein Lumpenweib! So ein Lumpenweib! ...» Es fiel ihr nichts anderes ein.

Er war aufgesprungen und ging mit großen Schritten hinter dem Tisch auf und ab, die hohe Hausmütze war ihm auf das eine Ohr gekippt. Er stammelte: «Ist das zu begreifen, Doktor? Das sind doch schreckliche Sachen für einen Mann! Was kann man dagegen tun? Ha, wenn ich das zu ihren Lebzeiten erfahren hätte, ich hätte sie von der Gendarmerie verhaften und ins Gefängnis spedieren lassen. Und da wäre sie nicht wieder herausgekommen, das garantiere ich Ihnen!»

Ich war betroffen von dem Ergebnis meiner pietätvollen Mission. Ich wußte nicht, was ich sagen oder tun sollte. Aber ich hatte meinen Auftrag zu Ende zu bringen. Ich fuhr also fort: «Sie hat mich beauftragt, Ihnen ihre Ersparnisse zu übergeben, die sich auf zweitausenddreihundert Franken belaufen. Da das, was ich Ihnen bisher mitzuteilen hatte, Sie sehr unangenehm zu berühren scheint, wäre es wohl am besten, das Geld den Armen zu geben.»

Sie sahen mich an, der Mann und die Frau, ganz starr vor Fassungslosigkeit.

Ich zog das Geld aus der Tasche, klägliches Geld aller Art und Prägung, Gold und Scheidemünzen durcheinander. Dann fragte ich: «Wie entscheiden Sie sich?»

Frau Chouquet sprach als erste: «Also, wenn das ihr letzter Wille gewesen ist, von dieser Frau ... Mir scheint, wir können schlecht ablehnen.»

Der Ehemann, irgendwie doch beschämt, nahm den Faden auf: «Wir könnten ja damit etwas für die Kinder kaufen.»

Ich sagte betont nüchtern: «Wie Sie wünschen.»

Er versetzte: «Geben Sie nur, wenn sie Sie nun einmal damit beauftragt hat; wir werden schon eine Möglichkeit finden, es für ein gutes Werk zu verwenden.»

Ich überreichte das Geld, grüßte und ging.

Am Tag darauf suchte Chouquet mich auf und fragte ohne lange Umschweife: «Sie hat doch ihren Wagen hiergelassen,

cette femme. Qu'est-ce que vous en faites, de cette voiture?

– Rien, prenez-la si vous voulez.

– Parfait; cela me va; j'en ferai une cabane pour mon potager.»

Il s'en allait. Je le rappelai. «Elle a laissé aussi son vieux cheval et ses deux chiens. Les voulez-vous?» Il s'arrêta, surpris: «Ah! non, par exemple; que voulez-vous que j'en fasse? Disposez-en comme vous voudrez.» Et il riait. Puis il me tendit sa main que je serrai. Que voulez-vous? Il ne faut pas, dans un pays, que le médecin et le pharmacien soient ennemis.

J'ai gardé les chiens chez moi. Le curé, qui a une grande cour, a pris le cheval. La voiture sert de cabane à Chouquet; et il a acheté cinq obligations de chemin de fer avec l'argent.

Voilà le seul amour profond que j'aie rencontré, dans ma vie.

Le médecin se tut.

Alors la marquise, qui avait des larmes dans les yeux, soupira: «Décidément, il n'y a que le femmes pour savoir aimer!»

diese ... diese Frau. Was haben Sie damit vor, mit diesem Wagen?»

«Nichts, nehmen Sie ihn, wenn Sie wollen.»

«Sehr schön, das kommt mir gelegen; ich werde einen Geräteschuppen für meinen Gemüsegarten daraus machen.»

Er war schon im Gehen. Ich rief ihn zurück. «Sie hat mir auch ihr altes Pferd und ihre zwei Hunde hinterlassen. Wollen Sie die haben?» Er blieb überrascht stehen: «Oh nein, bloß nicht; was sollte ich damit anfangen? Verfügen Sie darüber nach Belieben.» Und er lachte. Dann reichte er mir die Hand. Ich drückte sie. Was wollen Sie? Arzt und Apotheker dürfen in einem Dorf nicht verfeindet sein.

Die Hunde habe ich bei mir behalten. Das Pferd hat der Pfarrer übernommen, der einen großen Hofraum hat. Der Wagen dient Chouquet als Geräteschuppen; mit dem Geld hat er fünf Eisenbahnanleihen gekauft.

Das ist die einzige tiefe Liebe, die mir in meinem Leben vorgekommen ist.

Der Arzt schwieg.

Worauf die Marquise, der Tränen in den Augen standen, seufzte: «Wirklich, lieben können eben doch nur die Frauen!»

Regret

Monsieur Saval, qu'on appelle dans Mantes «le père Saval», vient de se lever. Il pleut. C'est un triste jour d'automne; les feuilles tombent. Elles tombent lentement dans la pluie, comme une autre pluie plus épaisse et plus lente. M. Saval n'est pas gai. Il va de sa cheminée à sa fenêtre et de sa fenêtre à sa cheminée. La vie a des jours sombres. Elle n'aura plus que des jours sombres pour lui maintenant, car il a soixante-deux ans! Il est seul, vieux garçon, sans personne autour de lui. Comme c'est triste de mourir ainsi, tout seul, sans une affection dévouée!

Il songe à son existence si nue, si vide. Il se rappelle, dans l'ancien passé, dans le passé de son enfance, la maison, la maison avec les parents; puis le collège, les sorties, le temps de son droit à Paris. Puis la maladie du père, sa mort.

Il est revenu habiter avec sa mère. Ils ont vécu tous les deux, le jeune homme et la vieille femme, paisiblement, sans rien désirer de plus. Elle est morte aussi. Que c'est triste, la vie!

Il est resté seul. Et maintenant il mourra bientôt à son tour. Il disparaîtra, lui, et ce sera fini. Il n'y aura plus de M. Paul Saval sur la terre. Quelle affreuse chose! D'autres gens vivront, s'aimeront, riront. Oui, on s'amusera et il n'existera plus, lui! Est-ce étrange qu'on puisse rire, s'amuser, être joyeux sous cette éternelle certitude de la mort. Si elle était seulement probable, cette mort, on pourrait encore espérer; mais non, elle est inévitable, aussi inévitable que la nuit après le jour.

Si encore sa vie avait été remplie! S'il avait fait quelque chose; s'il avait eu des aventures, de grands plaisirs, des succès, des satisfactions de toute sorte. Mais non, rien. Il n'avait rien fait, jamais rien que se lever, manger, aux mêmes heures, et se coucher. Et

Reue

Herr Saval, den man in Mantes «Vater Saval» nennt, ist eben aufgestanden. Es regnet. Der Herbsttag ist trist; die Blätter fallen. Sie fallen langsam mit dem Regen, wie ein zweiter Regen, der dicker und langsamer ist. Herr Saval ist nicht gut aufgelegt. Er geht von seinem Kamin zu seinem Fenster und von seinem Fenster zu seinem Kamin. Das Leben hat düstere Tage. Es wird jetzt nur noch düstere Tage für ihn haben, denn er ist zweiundsechzig Jahre alt! Er ist allein, ein Hagestolz, ohne einen nahen Menschen. Wie traurig, so ganz allein zu sterben, ohne eine treu ergebene Liebe!

Er bedenkt, wie kühl, wie leer sein Dasein ist. Er erinnert sich aus fernen Zeiten, aus seinen Kinderzeiten an das Haus, das Haus mit seinen Eltern, dann ans Internat, die Ausflüge, die Jahre seines Jurastudiums in Paris. Dann an die Krankheit seines Vaters, seinen Tod.

Er ist wieder zu seiner Mutter gezogen. Die beiden, der junge Mann und die alte Frau, haben friedlich gelebt, ohne mehr zu verlangen. Auch sie ist gestorben. Wie traurig das Leben doch ist!

Er ist allein geblieben. Und jetzt ist er auch bald mit dem Sterben an der Reihe. Er wird verschwinden, und dann wird alles vorbei sein. Es wird keinen Paul Saval mehr geben auf Erden. Wie jammervoll ist das! Andere Menschen werden leben, einander lieben, lachen! Ja, man wird seinen Spaß haben und er, er wird nicht mehr da sein. Eigentlich seltsam, daß man lachen, seinen Spaß haben, übermütig sein kann im Angesicht dieser ständigen Gewißheit des Todes. Wenn er bloß wahrscheinlich wäre, dieser Tod, könnte man noch hoffen; aber nein, er ist unausweichlich, so unausweichlich, wie die Nacht am Ende des Tages steht.

Wenn sein Leben wenigstens erfüllt gewesen wäre! Wenn er etwas vollbracht hätte, wenn er Abenteuer, große Freuden, Erfolge, Befriedigungen irgendeiner Art gehabt hätte. Aber nein, nichts. Er hatte nichts getan, niemals, nichts als aufstehen, essen, zu den immer gleichen Zeiten, und dann

il était arrivé comme cela à l'âge de soixante-deux ans. Il ne s'était même pas marié, comme les autres hommes. Pourquoi? Oui, pourquoi ne s'était-il pas marié? Il l'aurait pu, car il possédait quelque fortune. Est-ce l'occasion qui lui avait manqué? Peut-être! Mais on les fait naître, ces occasions! Il était nonchalant, voilà. La nonchalance avait été son grand mal, son défaut, son vice. Combien de gens ratent leur vie par nonchalance. Il est si difficile à certaines natures de se lever, de remuer, de faire des démarches, de parler, d'étudier des questions.

Il n'avait même pas été aimé. Aucune femme n'avait dormi sur sa poitrine dans un complet abandon d'amour. Il ne connaissait pas les angoisses délicieuses de l'attente, le divin frisson de la main pressée, l'extase de la passion triomphante.

Quel bonheur surhumain devait vous inonder le cœur quand les lèvres se rencontrent pour la première fois, quand l'étreinte de quatre bras fait un seul être, un être souverainement heureux, de deux êtres affolés l'un par l'autre.

M. Saval s'était assis, les pieds au feu, en robe de chambre.

Certes, sa vie était ratée, tout à fait ratée. Pourtant il avait aimé, lui. Il avait aimé secrètement, douloureusement et nonchalamment, comme il faisait tout. Oui, il avait aimé sa vieille amie Mme Sandres, la femme de son vieux camarade Sandres. Ah! s'il l'avait connue jeune fille! Mais il l'avait rencontrée trop tard; elle était déjà mariée. Certes, il l'aurait demandée, celle-là! Comme il l'avait aimée pourtant, sans répit, depuis le premier jour!

Il se rappelait son émotion toutes les fois qu'il la revoyait, ses tristesses en la quittant, les nuits où il ne pouvait pas s'endormir parce qu'il pensait à elle.

Le matin, il se réveillait toujours un peu moins amoureux que le soir. Pourquoi?

schlafengehen. Und so war er zweiundsechzig Jahre alt geworden. Er hatte nicht einmal geheiratet wie andere Männer. Warum? Ja, warum hatte er nicht geheiratet? Gekonnt hätte er es, denn er besaß einiges Vermögen. Hatte es ihm an Gelegenheit gefehlt? Vielleicht! Aber Gelegenheiten führt man herbei! Er war eben gleichgültig, das war es. Die Gleichgültigkeit war seine große Schwäche, sein Fehler, sein Laster. Wie viele Menschen verpfuschen ihr Leben aus Gleichgültigkeit. Manchen Naturen fällt es so schwer, aufzustehen, sich zu tummeln, Schritte zu tun, zu sprechen, Fragen nachzugehen.

Er war nicht einmal geliebt worden. Keine Frau hatte auf seiner Brust in völlig hingegebener Liebe geschlummert. Er kannte nicht das beglückende Bangen des Wartens, den überirdischen Schauder beim Händedruck, die Ekstase der alles überwindenden Leidenschaft.

Was für ein übermenschliches Glück mußte einem das Herz überquellen lassen, wenn die Lippen sich zum erstenmal begegnen, wenn die Umschlingung von vier Armen ein einziges Wesen erschafft, ein über alle Maßen glückliches Wesen aus zwei Wesen, eins vom andern betört.

Herr Saval hatte sich hingesetzt, im Morgenrock, die Füße vorm Feuer.

Gewiß, sein Leben war verpfuscht, völlig verpfuscht. Doch auch er hatte geliebt. Er hatte heimlich, schmerzlich, gleichmütig geliebt, wie er alles tat. Ja, er hatte seine alte Freundin, Frau Sandres, geliebt, die Ehefrau seines alten Gefährten Sandres. Ha, wenn er die als Mädchen kennengelernt hätte! Aber er war ihr zu spät begegnet; sie war schon verheiratet. Wahrhaftig, um deren Hand hätte er angehalten! Wie sehr hatte er sie trotzdem geliebt, ohne Unterlaß, vom ersten Tage an!

Er dachte daran, wie bewegt er jedesmal gewesen war, wenn er sie wiedersah, wie betrübt, wenn er sie verließ, und an die Nächte, in denen er nicht einschlafen konnte, weil er in Gedanken bei ihr war.

Morgens erwachte er dann immer ein bißchen weniger verliebt als am Abend. Warum?

Comme elle était jolie, autrefois, et mignonne, blonde, frisée, rieuse! Sandres n'était pas l'homme qu'il lui aurait fallu. Maintenant, elle avait cinquante-huit ans. Elle semblait heureuse. Ah! si elle l'avait aimé, celle-là, jadis; si elle l'avait aimé! Et pourquoi ne l'aurait-elle pas aimé, lui, Saval, puisqu'il l'aimait bien, elle, Mme Sandres?

Si seulement elle avait deviné quelque chose... N'avait-elle rien deviné, n'avait-elle rien vu, rien compris jamais? Alors qu'aurait-elle pensé? S'il avait parlé, qu'aurait-elle répondu?

Et Saval se demandait mille autres choses. Il revivait sa vie, cherchait à ressaisir une foule de détails.

Il se rappelait toutes les longues soirées d'écarté chez Sandres, quand sa femme était jeune et si charmante.

Il se rappelait des choses qu'elle lui avait dites, des intonations qu'elle avait autrefois, des petits sourires muets qui signifiaient tant de pensées.

Il se rappelait leurs promenades, à trois, le long de la Seine, leurs déjeuners sur l'herbe, le dimanche, car Sandres était employé à la sous-préfecture. Et soudain le souvenir net lui revint d'un après-midi passé avec elle dans un petit bois le long de la rivière.

Ils étaient partis le matin, emportant leurs provisions dans des paquets. C'était par une vive journée de printemps, une de ces journées qui grisent. Tout sent bon, tout semble heureux. Les oiseaux ont des cris plus gais et des coups d'ailes plus rapides. On avait mangé sur l'herbe, sous des saules, tout près de l'eau engourdie par le soleil. L'air était tiède, plein d'odeurs de sève; on le buvait avec délices. Qu'il faisait bon, ce jour-là!

Après le déjeuner, Sandres s'était endormi sur le dos: «Le meilleur somme de sa vie», disait-il en se réveillant.

Wie hübsch war sie früher gewesen, liebreizend, blond, lockig, übermütig! Sandres war nicht der richtige Mann für sie. Jetzt war sie achtundfünfzig Jahre alt. Sie wirkte glücklich. Ach, wenn die ihn geliebt hätte, diese Frau, damals, wenn die ihn geliebt hätte! Und warum hätte sie ihn nicht lieben sollen, ihn, Saval, da er sie, Frau Sandres, doch liebte?

Wenn sie nur etwas gemerkt hätte... Hatte sie denn nichts gemerkt, nichts gesehen, nichts jemals verstanden? Was hätte sie dann gedacht? Wenn er gesprochen hätte, was hätte sie geantwortet?

Saval stellte sich noch tausend andere Fragen. Er lebte sein Leben noch einmal, bemühte sich, möglichst viele Einzelheiten hervorzuholen.

Er erinnerte sich an die langen Abende beim Ecarté-Spiel mit Sandres, als dessen Frau noch jung und so bezaubernd war.

Er erinnerte sich an manches, das sie zu ihm gesagt hatte, Betonungen, die sie früher hatte, kleine leise Lächeln, die so viele Gedanken ausdrückten.

Er erinnerte sich der Ausflüge zu dritt an der Seine entlang, der Picknicks im Grünen am Sonntag, weil Sandres bei der Unterpräfektur arbeitete. Und da kam ihm auf einmal die deutliche Erinnerung an einen Nachmittag, den er mit ihr in einem neben dem Fluß gelegenen Wäldchen verbracht hatte.

Sie waren morgens aufgebrochen, die Mundvorräte in Päckchen mittragend. Es war ein frischer Frühlingstag, ein Tag, der einen trunken machen konnte. Alles duftet, alles wirkt glücklich. Die Vögel rufen heiterer und bewegen ihre Flügel rascher. Man hatte im Gras unter den Weiden gleich an dem träge in der Sonne dahinfließenden Wasser gegessen. Die Luft, voller Gerüche von den aufsteigenden Säften, war lind und genüßlich einzuatmen. Welch ein wunderbarer Tag war das gewesen!

Nach dem Essen war Sandres auf dem Rücken eingeschlafen: «Der beste Schlummer meines Lebens», sagte er später, als er erwachte.

Mme Sandres avait pris le bras de Saval, et ils étaient partis tous les deux le long de la rive.

Elle s'appuyait sur lui. Elle riait, elle disait: «Je suis grise, mon ami, tout à fait grise.» Il la regardait, frémissant jusqu'au cœur, se sentant pâlir, redoutant que ses yeux ne fussent trop hardis, qu'un tremblement de sa main ne révélât son secret.

Elle s'était fait une couronne avec de grandes herbes et des lis d'eau, et lui avait demandé: «M'aimez-vous, comme ça?»

Comme il ne répondait rien, – car il n'avait rien trouvé à répondre, il serait plutôt tombé à genoux, – elle s'était mise à rire, d'un rire mécontent, en lui jetant par la figure: «Gros bête, va! On parle, au moins!»

Il avait failli pleurer sans trouver encore un seul mot.

Tout cela lui revenait maintenant, précis comme au premier jour. Pourquoi lui avait-elle dit cela: «Gros bête, va! On parle, au moins!»

Et il se rappela comme elle s'appuyait tendrement sur lui. En passant sous un arbre penché, il avait senti son oreille, à elle, contre sa joue, à lui, et il s'était reculé brusquement, dans la crainte qu'elle ne crût volontaire ce contact.

Quand il avait dit: «Ne serait-il pas temps de revenir?» elle lui avait lancé un regard singulier. Certes, elle l'avait regardé d'une curieuse façon. Il n'y avait pas songé, alors; et voilà qu'il s'en souvenait maintenant.

«Comme vous voudrez, mon ami. Si vous êtes fatigué, retournons.»

Et il avait répondu:

«Ce n'est pas que je sois fatigué; mais Sandres est peut-être réveillé maintenant.»

Et elle avait dit, en haussant les épaules:

68 «Si vous craignez que mon mari soit réveillé,
69 c'est autre chose; retournons!»

Frau Sandres hatte Savals Arm genommen, und die beiden waren am Ufer entlang fortgegangen.

Sie stützte sich auf ihn. Sie lachte und sagte: «Ich bin betrunken, lieber Freund, völlig betrunken.» Er sah sie an, und es durchschauerte ihn bis ins Herz; er spürte, daß er blaß wurde, und fürchtete, daß seine Blicke zu verwegen sein könnten, daß ein Zittern der Hand sein Geheimnis verriete.

Sie hatte sich aus hohen Kräutern und Wasserlilien einen Kranz geflochten und ihn gefragt: «Gefalle ich Ihnen so?»

Da er nicht geantwortet hatte – denn er hatte nichts zu antworten gefunden, lieber wäre er auf die Knie gefallen –, hatte sie losgelacht, ein unzufriedenes Lachen, und ihm ins Gesicht gesagt: «Dummkopf, man kann doch wenigstens reden!»

Er hatte fast geweint, ohne auch nur ein einziges Wort zu finden.

Das alles fiel ihm jetzt wieder ein; es war deutlich wie am ersten Tag. Warum hatte sie das zu ihm gesagt: «Dummkopf, man kann doch wenigstens reden!»

Und er erinnerte sich, wie zärtlich sie sich auf ihn gestützt hatte. Als sie unter einem heruntergebogenen Baum durchkamen, hatte er ihr Ohr an seiner Wange gespürt und war jäh zurückgewichen, weil er fürchtete, sie könnte seine Berührung für Absicht halten.

Als er gesagt hatte: «Wäre es nicht Zeit zum Umkehren?» hatte sie ihm einen seltsamen Blick zugeworfen. Ganz sicher, sie hatte ihn irgendwie merkwürdig angesehen. Er hatte das damals nicht bedacht, und jetzt, jetzt kam ihm die Erinnerung.

«Wie Sie meinen, lieber Freund. Wenn Sie müde sind, gehen wir zurück.»

Und er hatte erwidert:

«Nein, nicht weil ich müde bin, aber Sandres ist inzwischen vielleicht aufgewacht.»

Und sie hatte achselzuckend gesagt:

«Wenn Sie fürchten, mein Mann könnte aufgewacht sein, dann ist es etwas anderes. Kehren wir um!»

En revenant, elle demeura silencieuse; et elle ne s'appuyait plus sur son bras. Pourquoi?

Ce «pourquoi» là, il ne se l'était point encore posé. Maintenant il lui semblait apercevoir quelque chose qu'il n'avait jamais compris.

Est-ce que?...

M. Saval se sentit rougir, et il se leva bouleversé comme si, de trente ans plus jeune, il avait entendu Mme Sandres lui dire: «Je vous aime!»

Était-ce possible? Ce soupçon qui venait de lui entrer dans l'âme le torturait! Était-ce possible qu'il n'eût pas vu, pas deviné?

Oh! si cela était vrai, s'il avait passé contre ce bonheur sans le saisir?

Il se dit: Je veux savoir. Je ne peux rester dans ce doute. Je veux savoir!

Et il s'habilla vite, se vêtant à la hâte. Il pensait: «J'ai soixante-deux ans, elle en a cinquante-huit; je peux bien lui demander cela.»

Et il sortit.

La maison de Sandres se trouvait de l'autre côté de la rue, presque en face de la sienne. Il s'y rendit. La petite servante vint ouvrir au coup de marteau. Elle fut étonnée de le voir si tôt:

«Vous déjà, monsieur Saval; est-il arrivé quelque accident?»

Saval répondit:

«Non, ma fille, mais va dire à ta maîtresse que je voudrais lui parler tout de suite.

– C'est que Madame fait sa provison de confitures de poires pour l'hiver; et elle est dans son fourneau; et pas habillée, vous comprenez.

– Oui, mais dis-lui que c'est pour une chose très importante.»

La petite bonne s'en alla, et Saval se mit à marcher dans le salon, à grands pas nerveux. Il ne se
70 sentait pas embarrassé cependant. Oh! il allait lui
71 demander cela comme il lui aurait demandé une

Auf dem Rückweg schwieg sie sich aus, und sie stützte sich auch nicht mehr auf seinen Arm. Warum?

Dieses «Warum», das hatte er sich noch nicht überlegt. Jetzt war es ihm, als entdecke er etwas, das er nie begriffen hatte.

Sollte?...

Herr Saval spürte, daß er errötete, er stand auf und war so verwirrt, als habe er, dreißig Jahre jünger, Frau Sandres zu sich sagen gehört: «Ich liebe Sie!»

War es denn möglich? Diese Ahnung, die sich da in sein Gemüt geschlichen hatte, quälte ihn. War es möglich, daß er nichts gesehen, nichts gemerkt hatte?

Oh, wenn das wahr wäre, wenn er an diesem Glück vorbeigegangen wäre, ohne es zu ergreifen!

Er sagte sich: Ich will es wissen. Ich kann nicht mit diesem Zweifel leben. Ich will es wissen!

Er kleidete sich korrekt, zog sich hastig an. Er dachte: «Ich bin zweiundsechzig, sie achtundfünfzig; ich kann sie das getrost fragen.»

Schon war er unterwegs.

Das Haus von Sandres befand sich auf der anderen Straßenseite, dem seinen fast gegenüber. Er ging hin. Auf sein Klopfen öffnete das kleine Dienstmädchen.

Sie war erstaunt, ihn so früh zu sehen:

«Oh, Sie sind es schon, Herr Saval; ist denn irgendetwas passiert?»

Saval erwiderte:

«Nein, mein Kind, aber sag deiner Herrin, daß ich sofort mit ihr sprechen möchte.»

«Aber die gnädige Frau macht ihre Birnenmarmelade für den Winter ein, sie ist am Herd zugange, nicht richtig angezogen, verstehen Sie.»

«Schon recht, aber sag ihr, es geht um etwas ganz Wichtiges.»

Das kleine Dienstmädchen ging hinein, und Saval begann nervös mit großen Schritten im Salon auf und ab zu gehen. Er hatte allerdings gar nicht das Gefühl, verlegen zu sein. Wieso denn! er würde sie danach fragen, wie er nach einem

recette de cuisine. C'est qu'il avait soixante-deux ans!

La porte s'ouvrit; elle parut. C'était maintenant une grosse femme large et ronde, aux joues pleines, au rire sonore. Elle marchait les mains loin du corps et les manches relevées sur ses bras nus, poissés de jus sucré. Elle demanda, inquiète:

«Qu'est-ce que vous avez, mon ami; vous n'êtes pas malade?»

Il reprit:

«Non, ma chère amie, mais je veux vous demander une chose qui a pour moi beaucoup d'importance, et qui me torture le cœur. Me promettez-vous de me répondre franchement?»

Elle sourit.

«Je suis toujours franche. Dites.

– Voilà. Je vous ai aimée du jour où je vous ai vue. Vous en étiez-vous doutée?»

Elle répondit en riant, avec quelque chose de l'intonation d'autrefois:

«Gros bête, va! je l'ai bien vu du premier jour!»

Saval se mit à trembler; il balbutia:

«Vous le saviez?... Alors...»

Et il se tut.

Elle demanda:

«Alors?... Quoi!»

Il reprit:

«Alors... que pensiez-vous?... que... que... Qu'auriez-vous répondu?»

Elle rit plus fort. Des gouttes de sirop lui coulaient au bout des doigts et tombaient sur le parquet.

«Moi?... Mais vous ne m'avez rien demandé. Ce n'était pas à moi de vous faire une déclaration!»

Alors il fit un pas vers elle:

«Dites-moi... dites-moi... Vous rappelez-vous ce jour où Sandres s'est endormi sur l'herbe après
72 déjeuner... où nous avons été ensemble, jusqu'au
73 tournant, là-bas...»

Kochrezept fragen würde. Immerhin war er zweiundsechzig Jahre alt!

Die Tür ging auf; sie erschien, eine schwere, breite, rundliche Frau jetzt, mit vollen Wangen und kräftigem Lachen. Sie bewegte sich mit abgespreizten Händen, die Ärmel über ihre von süßem Saft klebrigen Arme aufgekrempelt. Sie fragte ängstlich:

«Was haben Sie, mein Freund; Sie sind hoffentlich nicht krank?»

Er erklärte:

«Nein, liebe Freundin, aber ich möchte Sie etwas fragen, das für mich von großer Bedeutung ist und mir das Herz schwer macht. Versprechen Sie mir, daß Sie mir ganz offen antworten?»

Sie lächelte.

«Ich bin immer offen. Nur heraus damit.»

«Also. Ich habe Sie geliebt von dem Tage an, da ich Sie erblickt habe. Haben Sie das je gemerkt?»

Sie antwortete lachend, und ein bißchen war der Tonfall von einst wieder da:

«Sie Dummer. Ich hab es doch am ersten Tag gespürt!»

Saval begann zu zittern; er stammelte:

«Sie haben es gewußt?... Aber dann...»

Und er verstummte.

Sie fragte:

«Dann?... Was dann?»

Er fuhr fort:

«Dann... Was haben Sie gedacht?... Daß... daß... Was hätten Sie geantwortet?»

Sie lachte noch mehr. Tropfen von Zuckersirup liefen ihr zu den Fingerspitzen und fielen auf das Parkett.

«Ich?... Aber Sie haben mich doch nichts gefragt. Es war doch nicht an mir, Ihnen eine Erklärung zu machen.»

Jetzt tat er einen Schritt auf sie zu:

«Sagen Sie mir... Sagen Sie mir... Erinnern Sie sich an den Tag, als Sandres nach dem Essen im Gras eingeschlafen ist... Als wir miteinander bis zur Flußbiegung da hinten gegangen sind...»

Il attendit. Elle avait cessé de rire et le regardait dans les yeux:

«Mais certainement, je me le rappelle.»

Il reprit en frissonnant:

«Eh bien... ce jour-là... si j'avais été... si j'avais été... entreprenant... qu'est-ce que vous auriez fait?!»

Elle se mit à sourire en femme heureuse qui ne regrette rien, et elle répondit franchement, d'une voix claire où pointait une ironie:

«J'aurais cédé, mon ami.»

Puis elle tourna ses talons et s'enfuit vers ses confitures.

Saval ressortit dans la rue, atterré comme après un désastre. Il filait à grands pas sous la pluie, droit devant lui, descendant vers la rivière, sans songer où il allait. Quand il arriva sur la berge, il tourna à droite et la suivit. Il marcha longtemps, comme poussé par un instinct. Ses vêtements ruisselaient d'eau, son chapeau déformé, mou comme une loque, dégouttait à la façon d'un toit. Il allait toujours, toujours devant lui. Et il se trouva sur la place où ils avaient déjeuné au jour lointain dont le souvenir lui torturait le cœur.

Alors il s'assit sous les arbres dénudés, et il pleura.

Er hielt inne. Sie hatte aufgehört zu lachen und sah ihm in die Augen:

«Aber gewiß, ich erinnere mich gut.»

Er versetzte bebend:

«Also schön... Also an dem Tag... Wenn ich... Wenn ich ... wenn ich mich getraut hätte... Was hätten Sie getan?»

Sie lächelte, wie es eine glückliche Frau tut, die ohne Reue zurückblickt, und erwiderte frank und frei mit klarer Stimme, in der eine Spur Ironie mitschwang:

«Ich hätte nachgegeben, mein Freund.»

Damit drehte sie sich um und entfloh zu ihren Marmeladen.

Saval ging hinaus auf die Straße, niedergeschlagen wie von einer Katastrophe. Mit weiten Schritten eilte er im Regen dahin, hinunter zum Fluß, ohne zu bedenken, wohin er ging. Als er an der Uferböschung stand, wendete er sich nach rechts und ging sie entlang. Lange marschierte er so weiter, wie von einem inneren Drang getrieben. Seine Kleidung troff vor Nässe, von seinem aus der Form geratenen Hut, der schlapp geworden war wie ein Lappen, rann es herab wie von einem Dach. Er eilte immer weiter, einfach geradeaus. Schließlich stand er an dem Platz, an den zu denken ihm das Herz so schwer machte.

Und da setzte er sich unter die kahl gewordenen Bäume und weinte.

Monsieur l'abbé Louis d'Ennemare,
à Soissons.

Mon cher Abbé,
Voici mon mariage avec ta cousine rompu, et de la façon la plus bête, pour une mauvaise plaisanterie que j'ai faite presque involontairement à ma fiancée.

J'ai recours à toi, mon vieux camarade, dans l'embarras où je me trouve; car tu peux me tirer d'affaire. Je t'en serai reconnaissant jusqu'à la mort.

Tu connais Gilberte, ou plutôt tu crois la connaître; mais connaît-on jamais les femmes? Toutes leurs opinions, leurs croyances, leurs idées sont à surprises. Tout cela est plein de détours, de retours, d'imprévu, de raisonnements insaisissables, de logique à rebours, d'entêtements qui semblent définitifs et qui cèdent parce qu'un petit oiseau est venu se poser sur le bord d'une fenêtre.

Je n'ai pas à t'apprendre que ta cousine est religieuse à l'extrême, élevée par les Dames blanches ou noires de Nancy.

Cela, tu le sais mieux que moi. Ce que tu ignores, sans doute, c'est qu'elle est exaltée en tout comme en dévotion. Sa tête s'envole à la façon d'une feuille cabriolant dans le vent; et elle est femme, ou plutôt jeune fille, plus qu'aucune autre, tout de suite attendrie ou fâchée, partant au galop pour l'affection comme pour la haine, et revenant de la même façon; et jolie ... comme tu sais; et charmeuse plus qu'on ne peut dire ... et comme tu ne sauras jamais.

Donc, nous étions fiancés; je l'adorais comme je l'adore encore. Elle semblait m'aimer.

76 Un soir je reçus une dépêche qui m'appelait à
77 Cologne pour une consultation suivie peut-être

Die Reliquie

An Herrn Abbé Louis d'Ennemare
in Soissons

Mein lieber Abbé,

Nun kommt meine Heirat mit Deiner Kusine tatsächlich nicht zustande, und zwar auf die törichteste Weise wegen eines Dummejungenstreichs, den ich meiner Braut fast unfreiwillig gespielt habe.

In der Verlegenheit, in der ich mich befinde, suche ich Zuflucht bei Dir, meinem alten Gefährten; denn Du kannst mir aus der Klemme helfen. Ich werde Dir dafür bis an mein Lebensende dankbar sein.

Du kennst Gilberte oder vielmehr: du glaubst sie zu kennen – kennt man die Frauen denn jemals? Alle ihre Ansichten, ihre Vorstellungen, ihre Ideen haben etwas Überraschendes. Da ist alles voller Umwege und Rückwege, Unvorhersehbarkeiten, nicht nachzuvollziehenden Gedankengängen, schiefer Logik, Starrköpfigkeiten, die unüberwindbar zu sein scheinen und doch vergehen, nur weil ein Vögelchen aufs Fensterbrett geflogen kommt.

Ich brauche Dir nicht zu sagen, daß Deine Kusine, von den Weißen oder Schwarzen Fräulein in Nancy aufgezogen, äußerst fromm ist.

Das weißt Du besser als ich. Dagegen weißt Du sicher nicht, daß sie in allem so überschwenglich ist wie in ihrer Frömmigkeit. Ihr Kopf läßt sich hinreißen wie ein Blatt, das im Winde wirbelt; sie ist mehr Frau oder vielmehr Mädchen als jede andere, sofort gerührt oder erzürnt, im Galopp zum Lieben wie zum Hassen durchgehend und ebenso davon wieder ablassend; und hübsch ... wie Du weißt; und betörend, mehr als man beschreiben kann ... und wie Du es nie wissen wirst.

Also, wir waren verlobt; ich betete sie an und bete sie ja nach wie vor an. Sie schien mich zu lieben.

Eines Abends erhielt ich ein Telegramm, das mich nach Köln rief zu einer Konsultation, auf die unter Umständen

d'une opération grave et difficile. Comme je devais partir le lendemain, je courus faire mes adieux à Gilberte et dire pourquoi je ne dînerais point chez mes futurs beaux-parents le mercredi, mais seulement le vendredi jour de mon retour. Oh! prends garde aux vendredis; je t'assure qu'ils sont funestes!

Quand je parlai de mon départ, je vis une larme dans ses yeux; mais quand j'annonçai ma prochaine revenue, elle battit aussitôt des mains et s'écria: «Quel bonheur! vous me rapporterez quelque chose; presque rien, un simple souvenir, mais un souvenir choisi pour moi. Il faut découvrir ce qui me fera le plus de plaisir, entendez-vous? Je verrai si vous avez de l'imagination.»

Elle réfléchit quelques secondes, puis ajouta: «Je vous défends d'y mettre plus de vingt francs. Je veux être touchée par l'intention, par l'invention, Monsieur, non par le prix.» Puis, après un nouveau silence, elle dit à mi-voix, les yeux baissés: «Si cela ne vous coûte rien, comme argent, et si c'est bien ingénieux, bien délicat, je vous... je vous embrasserai.»

J'étais à Cologne le lendemain. Il s'agissait d'un accident affreux qui mettait au désespoir une famille entière. Une amputation était urgente. On me logea, on m'enferma presque; je ne vis que des gens en larmes qui m'assourdissaient; j'opérai un moribond qui faillit trépasser entre mes mains; je restai deux nuits près de lui; puis, quand j'aperçus une chance de salut, je me fis conduire à la gare.

Or je m'étais trompé, j'avais une heure à perdre. J'errais par les rues en songeant encore à mon pauvre malade quand un individu m'aborda.

Je ne sais pas l'allemand; il ignorait le français; enfin je compris qu'il me proposait des reliques. Le

eine gefährliche und schwierige Operation folgen würde. Da ich schon am folgenden Tag abfahren sollte, eilte ich zu Gilberte, um mich zu verabschieden und zu sagen, warum ich nicht am Mittwoch, sondern erst am Freitag, dem Tag meiner Rückkehr, bei meinen zukünftigen Schwiegereltern zum Abendessen käme. Ha! Nimm Dich in acht vor den Freitagen; ich versichere Dir, sie bringen Unglück!

Als ich von meiner Abreise sprach, sah ich eine Träne in ihren Augen; doch als ich meine baldige Rückkehr ankündigte, klatschte sie gleich in die Hände und rief: «Wie schön! Da bringen Sie mir etwas mit, etwas Klitzekleines, bloß ein Souvenir, aber ein für mich ausgesuchtes Souvenir. Das gilt es eben herauszubekommen, was mir am meisten Freude macht, verstehen Sie? Ich werde ja sehen, ob Sie Phantasie haben.»

Sie bedachte sich einige Sekunden lang und setzte dann hinzu: «Ich verbiete Ihnen, mehr als zwanzig Franken auszugeben. Ich möchte mich von der Absicht rühren lassen, vom Einfall, Monsieur, nicht vom Preis.» Dann, nach einer weiteren Pause, sagte sie leise, mit gesenkten Augen: «Wenn es Sie gar kein Geld kostet, und wenn es ganz sinnreich, ganz liebevoll ist, dann werde ich Ihnen ... einen Kuß geben.»

Am Tag darauf war ich in Köln. Es handelte sich um einen gräßlichen Unfall, der eine ganze Familie in Verzweiflung versetzte. Eine Amputation war dringend angezeigt. Man beherbergte mich, schloß mich beinahe ein; ich sah nur in Tränen aufgelöste Menschen, die mir ständig in den Ohren lagen; ich operierte einen Todgeweihten, der mir beinahe unter den Händen gestorben wäre; ich blieb zwei Nächte bei ihm; erst als ich eine gewisse Hoffnung auf Durchkommen sah, ließ ich mich zum Bahnhof fahren.

Ich hatte mich geirrt, mußte noch eine Stunde warten. Ich lief durch die Straßen und war in Gedanken bei meinem armen Patienten, als mich jemand ansprach.

Ich kann nicht Deutsch, er verstand kein Französisch. Endlich begriff ich, daß er mir Reliquien anbot. Die Erinne-

souvenir de Gilberte me traversa le cœur; je connaissais sa dévotion fanatique. Voilà mon cadeau trouvé. Je suivis l'homme dans un magasin d'objets de sainteté, et je pris un «bétit morceau d'un os des once mille fierges.»

La prétendue relique était enfermée dans une charmante boîte en vieil argent qui décida mon choix.

Je mis l'objet dans ma poche et je montai dans mon wagon.

En rentrant chez moi, je voulus examiner de nouveau mon achat. Je le pris... La boîte s'était ouverte, la relique était perdue! J'eus beau fouiller ma poche, la retourner; le petit os, gros comme la moitié d'une épingle, avait disparu.

Je n'ai, tu le sais, mon cher abbé, qu'une foi moyenne; tu as la grandeur d'âme, l'amitié, de tolérer ma froideur, et de me laisser libre, attendant l'avenir, dis-tu; mais je suis absolument incrédule aux reliques des brocanteurs en piété; et tu partages mes doutes absolus à cet égard. Donc, la perte de cette parcelle de carcasse de mouton ne me désola point; et je me procurai sans peine un fragment analogue que je collai soigneusement dans l'intérieur de mon bijou.

Et j'allai chez ma fiancée.

Dès qu'elle me vit entrer, elle s'élança devant moi, anxieuse et souriante: «Qu'est-ce que vous m'avez rapporté?»

Je fis semblant d'avoir oublié; elle ne me crut pas. Je me laissai prier, supplier même; et, quand je la sentis éperdue de curiosité, je lui offris le saint médaillon. Elle demeura saisie de joie. «Une relique! Oh! une relique!» Et elle baisait passionnément la boîte. J'eus honte de ma supercherie.

Mais une inquiétude l'effleura, qui devint aussi-
80 tôt une crainte horrible; et, me fixant au fond des
81 yeux:

rung an Gilberte fuhr mir durchs Herz; ich kannte ja ihre glühende Frömmigkeit. Mein Geschenk war gefunden. Ich begleitete den Mann in einen Devotionalienladen und nahm «en klein Stück vunnenem Knoche von den eleftausend Jungfraue».

Die angebliche Reliquie war in ein entzückendes altes Silberdöschen eingeschlossen, das den Ausschlag für meine Entscheidung gab.

Ich steckte das Ding in die Tasche und stieg in meinen Wagen ein.

Beim Nachhausekommen wollte ich meinen Kauf noch einmal anschauen. Ich nahm ihn . . . Das Döschen war aufgegangen, die Reliquie verloren! So genau ich meine Tasche durchsuchte und umkehrte: der Knochensplitter, so groß wie eine halbe Stecknadel, war verschwunden.

Ich bin, wie Du weißt, mein lieber Abbé, nur mittelmäßig fromm; Du bringst die Seelengröße und Freundschaft auf, meine Lauheit hinzunehmen und mir die Freiheit zu lassen, in der Hoffnung auf später, wie Du sagst. Ganz und gar ablehnend allerdings bin ich gegenüber den Reliquien, mit denen der Glaube zu Geld gemacht wird, und Du teilst meinen grundsätzlichen Zweifel in dieser Hinsicht. Der Verlust dieses Stückchens von einem Hammelknochen betrübte mich demnach durchaus nicht, und ich besorgte mir ohne Mühe einen ähnlichen Splitter, den ich sorgfältig in meinem Zierdöschen festklebte.

Ich begab mich zu meiner Braut.

Sowie sie mich eintreten sah, stürzte sie auf mich zu, erwartungsvoll lächelnd: «Was haben Sie mir mitgebracht?»

Ich tat, als hätte ich es vergessen; sie glaubte mir nicht. Ich ließ mich bitten, geradezu anflehen, und als ich merkte, daß sie vor Neugier schier von Sinnen war, überreichte ich ihr das heilige Medaillon. Sie konnte sich vor Freude nicht fassen. «Eine Reliquie! Oh! Eine Reliquie!» Sie küßte das Döschen überschwenglich. Ich schämte mich des Betrugs.

Doch sie wurde von einer Besorgnis angeweht, die sogleich zur schrecklichsten Furcht wurde, und indem sie mir tief in die Augen blickte, sagte sie:

«Etes-vous bien sûr qu'elle soit authentique?
– Absolument certain.
– Comment cela?»

J'étais pris. Avouer que j'avais acheté cet ossement à un marchand courant les rues, c'était me perdre. Que dire? Une idée folle me traversa l'esprit; je répondis à voix basse, d'un ton mystérieux:

«Je l'ai volée pour vous.»

Elle me contempla avec ses grands yeux émerveillés et ravis. «Oh! vous l'avez volée. Où ça? – Dans la cathédrale, dans la châsse même des onze mille vierges.» Son cœur battait; elle défaillait de bonheur; elle murmura:

«Oh! vous avez fait cela... pour moi. Racontez... dites-moi tout!»

C'était fini, je ne pouvais plus reculer. J'inventai une histoire fantastique avec des détails précis et surprenants. J'avais donné cent francs au gardien de l'édifice pour le visiter seul; la châsse était en réparation; mais je tombais juste à l'heure du déjeuner des ouvriers et du clergé; en enlevant un panneau que je recollai ensuite soigneusement, j'avais pu saisir un petit os (oh! si petit) au milieu d'une quantité d'autres (je dis une quantité en songeant à ce que doivent produire les débris de onze mille squelettes de vierges). Puis je m'étais rendu chez un orfèvre et j'avais acheté un bijou digne de la relique.

Je n'étais pas fâché de lui faire savoir que le médaillon m'avait coûté cinq cents francs.

Mais elle ne songeait guère à cela; elle m'écoutait frémissante, en extase. Elle murmura: «Comme je vous aime!» et se laissa tomber dans mes bras.

Remarque ceci: J'avais commis pour elle, un sacrilège. J'avais volé; j'avais violé une église, violé une châsse; violé et volé des reliques sacrées. Elle m'ado-
82 rait pour cela; me trouvait tendre, parfait divin.
83 Telle est la femme, mon cher abbé, toute la femme.

«Sind Sie auch ganz sicher, daß sie echt ist?»

«Vollkommen sicher.»

«Und wieso?»

Ich saß in der Falle. Zugeben, daß ich das Knochenstück von einem Straßenhändler gekauft hatte, wäre mein Verderben gewesen. Was sollte ich sagen? Mir kam ein verrückter Einfall, und ich antwortete mit gedämpfter Stimme, in geheimnisvollem Ton:

«Ich habe sie für Sie gestohlen.»

Sie sah mich mit großen Augen entzückt, begeistert an. «Oh, gestohlen haben Sie sie. Und wo?» – «Im Dom, aus dem Schrein der elftausend Jungfrauen.» Ihr Herz pochte; sie verging fast vor Seligkeit; sie flüsterte:

«Oh! Das haben Sie getan ... für mich. Erzählen Sie ... Sagen Sie mir alles.»

Es war nichts mehr zu machen, es gab kein Zurück. Ich erdachte eine phantastische Geschichte mit genauen und überraschenden Einzelheiten. Ich hatte dem Wächter des Gebäudes hundert Franken gegeben, um es allein zu besichtigen; der Schrein wurde gerade instandgesetzt, aber ich kam eben zur Mittagszeit von Arbeitern und Priestern. Indem ich ein Täfelchen anhob, das ich anschließend sorgfältig wieder anklebte, hatte ich einen kleinen Knochen (oh! so winzig klein nur) herausziehen können aus einer Menge anderer (ich sagte «eine Menge» und dachte dabei, wieviel wohl die Überreste von elftausend Jungfrauenskeletten ausmachten). Dann war ich zu einem Juwelier gegangen und hatte ein Schmuckstück gekauft, das der Reliquie würdig war.

Ich hatte nichts dagegen, sie erfahren zu lassen, daß das Medaillon mich fünfhundert Franken gekostet hatte.

Aber das bedachte sie durchaus nicht; sie hörte mir bebend, geradezu verzückt zu. Sie flüsterte: «Wie ich Sie liebe!» und ließ sich in meine Arme sinken.

Bedenke: Ich hatte für sie ein Sakrileg begangen. Ich hatte gestohlen, eine Kirche geschändet, einen Schrein geschändet, heilige Reliquien geschändet, geraubt. Sie himmelte mich dafür an, fand mich zartfühlend, geradezu göttlich. Da hast Du das Weib, lieber Abbé, das Weib schlechthin.

Pendant deux mois, je fus le plus admirable des fiancés. Elle avait organisé dans sa chambre une sorte de chapelle magnifique pour y placer cette parcelle de côtelette qui m'avait fait accomplir croyait-elle, ce divin crime d'amour; et elle s'exaltait là devant, soir et matin.

Je l'avais priée du secret, par crainte, disais-je, de me voir arrêté, condamné, livré à l'Allemagne. Elle m'avait tenu parole.

Or, voilà qu'au commencement de l'été, un désir fou lui vint de voir le lieu de mon exploit. Elle pria tant et si bien son père (sans lui avouer sa raison secrète) qu'il l'emmena à Cologne en me cachant cette excursion, selon le désir de sa fille.

Je n'ai pas besoin de te dire que je n'ai pas vu la cathédrale à l'intérieur. J'ignore où est le tombeau (s'il y a tombeau?) des onze mille vierges. Il paraît que ce sépulcre est inabordable, hélas!

Je reçus, huit jours après, dix lignes me rendant ma parole; plus une lettre explicative du père, confident tardif.

A l'aspect de la châsse, elle avait compris soudain ma supercherie, mon mensonge et, en même temps, ma réelle innocence. Ayant demandé au gardien des reliques si aucun vol n'avait été commis, l'homme s'était mis à rire en démontrant l'impossibilité d'un semblable attentat.

Mais du moment que je n'avais pas fracturé un lieu sacré et plongé ma main profane au milieu de restes vénérables, je n'étais plus digne de ma blonde et délicate fiancée.

On me défendit l'entrée de la maison. J'eus beau prier, supplier, rien ne put attendrir la belle dévote.

Je fus malade de chagrin.

Or, la semaine dernière, sa cousine, qui est aussi la tienne, Mme d'Arville, me fit prier de la venir
84 trouver.

85 Voici les conditions de mon pardon. Il faut que

Zwei Monate lang war ich der anbetungswürdigste Bräutigam. Sie hatte in ihrem Schlafzimmer eine Art prächtiger Kapelle aufgebaut, um dieses Rippensplitterchen dort auszustellen, für das ich, wie sie glaubte, dieses überirdische Verbrechen aus Liebe begangen hatte, und morgens und abends verrichtete sie davor inbrünstig ihre Andacht.

Ich hatte sie gebeten, das Geheimnis zu wahren, weil ich fürchtete, sagte ich, verhaftet, verurteilt und nach Deutschland ausgeliefert zu werden. Sie hatte Wort gehalten.

Und da mußte sie nun im Frühsommer eine aberwitzige Lust ankommen, den Ort meiner Tat zu sehen! Sie bat ihren Vater so lange und so sehr (ohne den verborgenen Grund zu verraten), daß er mit ihr nach Köln fuhr und mir diesen Ausflug nach dem Wunsche seiner Tochter verheimlichte.

Ich brauche Dir nicht zu sagen, daß ich den Dom nicht von innen gesehen habe. Ich weiß nicht, wo sich das Grab (ist da überhaupt ein Grab?) der Elftausend Jungfrauen befindet. Es scheint, daß die Gruft unzugänglich ist – leider.

Acht Tage später erhielt ich zehn Zeilen, die mich von meinem Wort entbanden, und gleichzeitig einen Brief des spät ins Vertrauen gezogenen Vaters.

Beim Anblick des Schreins war ihr schlagartig klar geworden, daß ich sie betrogen, daß ich gelogen hatte, freilich auch, daß ich in Wirklichkeit unschuldig war. Als sie den Bewacher der Reliquien gefragt hatte, ob kein Diebstahl vorgekommen sei, hatte der Mann gelacht und ihr die Unmöglichkeit eines solchen Anschlags vor Augen geführt.

Doch da ich nun nicht in einem heiligen Ort eingebrochen, nicht mit profaner Hand tief in verehrungswürdige sterbliche Überreste gegriffen hatte, war ich meiner holden, zarten Braut nicht mehr würdig.

Man verwehrte mir den Zutritt zum Haus. Ich mochte noch so sehr bitten und betteln; nichts konnte die fromme Schöne erweichen.

Ich war ganz krank vor Kummer.

Letzte Woche nun hat ihre Kusine, die auch Deine Kusine ist, Frau d'Arville, mich zu sich gebeten.

Und dies ist die Bedingung für meine Begnadigung: Ich

j'apporte une relique, une vraie, authentique, certifiée par Notre Saint-Père le Pape, d'une vierge et martyre quelconque.

Je deviens fou d'embarras et d'inquiétude.

J'irai à Rome s'il le faut. Mais je ne puis me présenter au Pape à l'improviste et lui raconter ma sotte aventure. Et puis je doute qu'on confie aux particuliers des reliques véritables.

Ne pourrais-tu me recommander à quelque monsignor, ou seulement à quelque prélat français, propriétaire de fragments d'une sainte? Toi-même, n'aurais-tu pas en tes collections le précieux objet réclamé?

Sauve-moi, mon cher abbé, et je te promets de me convertir dix ans plus tôt!

Mme d'Arville, qui prend la chose au sérieux, m'a dit: «Cette pauvre Gilberte ne se mariera jamais.»

Mon bon camarade, laisseras-tu ta cousine mourir victime d'une stupide fumisterie? Je t'en supplie, fais qu'elle ne soit pas la onze mille et unième.

Pardonne, je suis indigne; mais je t'embrasse et je t'aime de tout cœur.

Ton vieil ami,

HENRI PONTAL.

muß eine Reliquie bringen, eine echte, deren Echtheit durch unseren Heiligen Vater, den Papst, bestätigt ist, von irgendeiner Märtyrerjungfrau.

Ich werde noch verrückt vor Ratlosigkeit und Sorge.

Wenn es sein muß, gehe ich nach Rom. Aber ich kann doch nicht einfach so vor den Papst hintreten und ihm mein törichtes Abenteuer erzählen. Außerdem bezweifle ich, daß man Privatpersonen echte Reliquien anvertraut.

Könntest du mich nicht an irgendeinen Monsignore empfehlen, oder auch nur an einen französischen Prälaten, der über die Bruchstücke einer Heiligen verfügt? Oder hast vielleicht Du selber in Deinen Sammlungen den geforderten Wertgegenstand?

Rette mich, lieber Abbé, und ich verspreche Dir, mich zehn Jahre früher zum Glauben zu bekehren.

Frau d'Arville sieht die Sache ernst; sie hat zu mir gesagt: «Die arme Gilberte wird nie heiraten.»

Mein lieber Gefährte, willst Du Deine Kusine etwa als Opfer einer dummen Aufschneiderei sterben lassen? Ich bitte Dich, sorge dafür, daß sie nicht die elftausendundeinte wird.

Vergib mir, ich bin unwürdig; aber ich umarme Dich und liebe Dich von ganzem Herzen.

Dein alter Freund

Henri Pontal

Au Bois

Le maire allait se mettre à table pour déjeuner quand on le prévint que le garde champêtre l'attendait à la mairie avec deux prisonniers.

Il s'y rendit aussitôt, et il aperçut en effet son garde champêtre, le père Hochedur, debout et surveillant d'un air sévère un couple de bourgeois mûrs.

L'homme, un gros père, à nez rouge et à cheveux blancs, semblait accablé; tandis que la femme, une petite mère endimanchée, très ronde, très grasse, aux joues luisantes, regardait d'un œil de défi l'agent de l'autorité qui les avait captivés.

Le maire demanda:

«Qu'est-ce que c'est, père Hochedur?»

Le garde champêtre fit sa déposition.

Il était sorti le matin, à l'heure ordinaire, pour accomplir sa tournée du côté des bois Champioux jusqu'à la frontière d'Argenteuil. Il n'avait rien remarqué d'insolite dans la campagne sinon qu'il faisait beau temps et que les blés allaient bien, quand le fils aux Bredel, qui binait sa vigne, avait crié:

«Hé, père Hochedur, allez voir au bord du bois, au premier taillis, vous y trouverez un couple de pigeons qu'ont bien cent trente ans à eux deux.»

Il était parti dans la direction indiquée; il était entré dans le fourré et il avait entendu des paroles et des soupirs qui lui firent supposer un flagrant délit de mauvaises mœurs.

Donc, avançant sur ses genoux et sur ses mains comme pour surprendre un braconnier, il avait appréhendé le couple présent au moment où il s'abandonnait à son instinct.

Le maire stupéfait considéra les coupables. L'homme comptait bien soixante ans et la femme au moins cinquante-cinq.

Im Walde

Der Bürgermeister wollte eben am Mittagstisch Platz nehmen, als ihm gemeldet wurde, der Feldhüter erwarte ihn im Rathaus mit zwei festgenommenen Personen.

Er begab sich sogleich dorthin und erblickte tatsächlich seinen Feldhüter, Vater Hochedur, wie er dastand und mit strenger Miene ein Paar Bürgersleute in reifen Jahren bewachte.

Der Mann, ein dicker Patron mit roter Nase und weißen Haaren, wirkte bedrückt, während seine Frau, eine kleine, auffallend rundliche und wohlgenährt pausbackige Matrone im Sonntagsstaat, den Vertreter der Obrigkeit, der sie verhaftet hatte, herausfordernd ansah.

Der Bürgermeister fragte:

«Was gibt es denn, Vater Hochedur?»

Der Feldhüter machte seine Aussage.

Er hatte sich am Morgen zur üblichen Zeit auf seinen Kontrollgang beim Champioux-Wald bis an die Grenze nach Argenteuil begeben. Er hatte draußen nichts Außergewöhnliches bemerkt, abgesehen davon, daß gutes Wetter war und das Korn gut stand, als der Sohn der Bredels, der seinen Weinberg durchhackte, ihm zurief:

«He, Vater Hochedur, gehen Sie doch mal zum Waldrand rüber, gleich vorn im Unterholz können Sie ein Pärchen Turteltauben sehen, die zusammen reichlich hundertdreißig Jahre alt sind.»

Er war in der angegebenen Richtung und ins Dickicht hinein gegangen; dort hatte er Worte und Seufzer gehört, so daß er auf frischer Tat eine unzüchtige Handlung zu konstatieren glaubte.

Sich auf Knien und Händen wie beim Anschleichen an einen Wilderer vorarbeitend, hatte er das Paar hier gerade dabei betroffen, wie es sich seinen Gelüsten überließ.

Der verblüffte Bürgermeister sah sich die Missetäter an. Der Mann war gut sechzig, die Frau mindestens fünfundfünfzig Jahre alt.

Il se mit à les interroger, en commençant par le mâle, qui répondait d'une voix si faible qu'on l'entendait à peine.

«Votre nom?

– Nicolas Beaurain.

– Votre profession?

– Mercier, rue des Martyrs, à Paris.

– Qu'est-ce que vous faisiez dans ce bois?»

Le mercier demeura muet, la tête baissée sur son gros ventre, les mains à plat sur ses cuisses.

Le maire reprit:

«Niez-vous ce qu'affirme l'agent de l'autorité municipale?

– Non, Monsieur.

– Alors, vous avouez?

– Oui, Monsieur.

– Qu'avez-vous à dire pour votre défense?

– Rien, Monsieur.

– Où avez-vous rencontré votre complice?

– C'est ma femme, Monsieur.

– Votre femme?

– Oui, Monsieur.

– Alors ... alors ... vous ne vivez donc pas ensemble ... à Paris?

– Pardon, Monsieur, nous vivons ensemble!

– Mais ... alors ... vous êtes fou, tout à fait fou, mon cher Monsieur, de venir vous faire pincer ainsi, en plein champ, à dix heures de matin.»

Le mercier semblait prêt à pleurer de honte. Il murmura:

«C'est elle qui a voulu ça! Je lui disais bien que c'était stupide. Mais quand une femme a quelque chose dans la tête ... vous savez ... elle ne l'a pas ailleurs.»

Le maire, qui aimait l'esprit gaulois, sourit et
90 répliqua:
91 «Dans votre cas, c'est le contraire qui aurait dû

Er machte sich ans Verhör und begann bei dem Mann, der mit so leiser Stimme antwortete, daß man ihn kaum verstand.

«Ihr Name?»

«Nicolas Beaurain.»

«Ihr Beruf?»

«Kurzwarenhändler in Paris, Rue des Martyrs.»

«Und was haben Sie in dem Wald gemacht?»

Der Kurzwarenhändler gab keine Antwort; er ließ den Kopf bis auf den dicken Bauch hängen, und seine Hände lagen flach auf den Oberschenkeln.

Der Bürgermeister setzte neu an:

«Leugnen Sie, was der Vertreter der Gemeindeverwaltung ausgesagt hat?»

«Nein, Monsieur.»

«Sie gestehen also?»

«Ja, Monsieur.»

«Was haben Sie zu Ihrer Verteidigung vorzubringen?»

«Nichts, Monsieur.»

«Wo haben Sie Ihre Mittäterin getroffen?»

«Sie ist meine Frau, Monsieur.»

«Ihre Frau?»

«Ja, Monsieur.»

«Dann ... dann ... wohnen Sie offenbar nicht zusammen ... in Paris?»

«Oh doch, Monsieur, wir wohnen zusammen.»

«Aber ... dann ... sind Sie offenbar nicht recht bei Troste, guter Mann, sich so auf freier Wildbahn um zehn Uhr vormittags erwischen zu lassen.»

Der Kurzwarenhändler war sichtlich vor Scham den Tränen nahe. Er murmelte:

«Sie hat es gewollt! Ich habe ihr ja gesagt, daß es eine dumme Idee ist. Aber wenn eine Frau sich etwas in den Kopf gesetzt hat... Wissen Sie... Dann bleibt sie eben dabei.»

Der Bürgermeister, der lose Redensarten liebte, versetzte lächelnd:

«In Ihrem Falle scheint das Gegenteil der Fall gewesen zu

avoir lieu. Vous ne seriez pas ici si elle ne l'avait eu que dans la tête.»

Alors une colère saisit M. Beaurain et se tournant vers sa femme:

«Vois-tu où tu nous as menés avec ta poésie? Hein, y sommes-nous? Et nous irons devant les tribunaux, maintenant, à notre âge, pour attentat aux mœurs! Et il nous faudra fermer boutique, vendre la clientèle et changer de quartier! Y sommes-nous?»

Mme Beaurain se leva et, sans regarder son mari, elles s'expliqua sans embarras, sans vaine pudeur, presque sans hésitation.

«Mon Dieu, monsieur le Maire, je sais bien que nous sommes ridicules. Voulez-vous me permettre de plaider ma cause comme un avocat, ou mieux comme une pauvre femme; et j'espère que vous voudrez bien nous renvoyer chez nous, et nous épargner la honte des poursuites.

«Autrefois, quand j'étais jeune, j'ai fait la connaissance de M. Beaurain dans ce pays-ci, un dimanche. Il était employé dans un magasin de mercerie; moi j'étais demoiselle dans un magasin de confections. Je me rappelle de ça comme d'hier. Je venais passer les dimanches ici, de temps en temps, avec une amie, Rose Levêque, avec qui j'habitais rue Pigalle. Rose avait un bon ami, et moi pas. C'est lui qui nous conduisait ici. Un samedi, il m'annonça, en riant, qu'il amènerait un camarade le lendemain. Je compris bien ce qu'il voulait; mais je répondis que c'était inutile. J'étais sage, Monsieur.

«Le lendemain donc, nous avons trouvé au chemin de fer M. Beaurain. Il était bien de sa personne à cette époque-là. Mais j'étais décidée à ne pas céder, et je ne cédai pas non plus.

«Nous voici donc arrivés à Bezons. Il faisait un temps superbe, de ces temps qui vous chatouillent le cœur. Moi, quand il fait beau, aussi bien maintenant qu'autrefois, je deviens bête à pleurer, et

sein. Wenn es nur beim Kopf geblieben wäre, säßen Sie nicht hier.»

Da packte Herrn Beaurain die Wut, und er wandte sich seiner Frau zu:

«Siehst du, wohin uns deine Romantik gebracht hat? Da hast du's. Jetzt kommen wir vor Gericht, in unserem Alter, wegen Unsittlichkeit! Das Geschäft können wir zumachen, den Kundenstamm verkaufen und uns ein anderes Viertel suchen! Da hast du es.»

Frau Beaurain erhob sich, und ohne ihren Ehemann anzusehen, trug sie ihren Fall vor, ohne falsche Scham und beinahe ohne Stocken.

«Mein Gott, Herr Bürgermeister, ich weiß ja, daß wir uns lächerlich machen. Erlauben Sie mir bitte, als mein Anwalt oder, besser gesagt, als eine Frau in eigener Sache zu plädieren. Ich hoffe, Sie sind dann bereit, uns nach Hause zu entlassen und die Schande einer Strafverfolgung zu ersparen.

Vor langer Zeit, als ich jung war, habe ich Herrn Beaurain an einem Sonntag hier am Ort kennengelernt. Er war in einem Kurzwarengeschäft angestellt; ich war Verkäuferin in der Damenkonfektion. Ich erinnere mich noch, als wäre es gestern gewesen. Manchmal am Sonntag kam ich mit einer Freundin hier heraus, Rose Levêque, die in der Rue Pigalle mit mir wohnte.

Rose hatte einen Schatz, ich nicht. Er hat uns hierher geführt. Eines Samstags kündigte er mir lachend an, er werde morgen einen Freund mitbringen. Ich merkte wohl, worauf er hinaus wollte, aber ich sagte, das sei nicht nötig. Ich war anständig, Monsieur.

Am folgenden Tag trafen wir dann auf dem Bahnsteig Herrn Beaurain. Er sah gut aus zu jener Zeit. Aber ich war entschlossen, standhaft zu bleiben, und ich bin es auch geblieben.

Da waren wir nun in Bezons. Es war herrliches Wetter, so ein Wetter, bei dem einem ganz kribbelig ums Herz wird. Bei mir, wenn schönes Wetter ist, ist es noch heute so wie damals, daß ich zum Heulen blöd werde, und wenn

quand je suis à la campagne je perds la tête. La verdure, les oiseaux qui chantent, les blés qui remuent au vent, les hirondelles qui vont si vite, l'odeur de l'herbe, les coquelicots, les marguerites, tout ça me rend folle! C'est comme le champagne quand on n'en a pas l'habitude!

«Donc il faisait un temps superbe, et doux, et clair, qui vous entrait dans le corps par les yeux en regardant et par la bouche en respirant. Rose et Simon s'embrassaient toutes les minutes! Ça me faisait quelque chose de les voir. M. Beaurain et moi nous marchions derrière eux, sans guère parler. Quand on ne se connaît pas on ne trouve rien à se dire. Il avait l'air timide, ce garçon, et ça me plaisait de le voir embarrassé. Nous voici arrivés dans le petit bois. Il y faisait frais comme dans un bain, et tout le monde s'assit sur l'herbe. Rose et son ami me plaisantaient sur ce que j'avais l'air sévère; vous comprenez bien que je ne pouvais pas être autrement. Et puis voilà qu'ils recommencent à s'embrasser sans plus se gêner que si nous n'étions pas là; et puis ils se sont parlé tout bas; et puis ils se sont levés et ils sont partis dans les feuilles sans rien dire. Jugez quelle sotte figure je faisais, moi, en face de ce garçon que je voyais pour la première fois. Je me sentais tellement confuse de les voir partir ainsi que ça me donna du courage; et je me suis mise à parler. Je lui demandai ce qu'il faisait; il était commis de mercerie, comme je vous l'ai appris tout à l'heure. Nous causâmes donc quelques instants; ça l'enhardit, lui, et il voulut prendre des privautés, mais je le remis à sa place, et roide, encore. Est-ce pas vrai, monsieur Beaurain?»

M. Beaurain, qui regardait ses pieds avec confusion, ne répondit pas.

Elle reprit: «Alors il a compris que j'étais sage, ce
94 garçon, et il s'est mis à me faire la cour gentiment,
95 en honnête homme. Depuis ce jour il est revenu

ich auf dem Lande bin, verliere ich vollkommen den Kopf. Das Grün, die singenden Vögel, die Bewegung der Kornfelder im Wind, die Schwalben, die so schnell fliegen, das duftende Gras, der Mohn, die Margeriten, das macht mich alles ganz verrückt! Wie Champagner, wenn man ihn nicht gewöhnt ist!

Also, es war herrliches Wetter, und warm, und hell, das einem bei den Augen hereinkam, wenn man schaute, und beim Mund, wenn man Luft holte. Rose und Simon küßten sich unentwegt! Mir wurde schon vom Hinsehen ganz anders. Herr Beaurain und ich gingen hinter ihnen und sprachen kaum. Wenn man sich nicht kennt, weiß man nichts zu sagen. Er wirkte schüchtern, der junge Mann, und es gefiel mir, ihn so verlegen zu sehen. Schließlich waren wir in dem kleinen Wald angelangt. Es war dort kühl wie in einem Bad, und alle setzten sich ins Gras.

Rose und ihr Freund machten sich darüber lustig, daß ich so spröde sei; Sie können sich vorstellen, daß mir gar nichts anderes übrig blieb. Und dann fingen sie wieder mit der Küsserei an, ohne sich zu genieren, als wären wir überhaupt nicht da, und dann haben sie ganz leise miteinander gesprochen, und dann sind sie aufgestanden und im Gebüsch verschwunden, ohne etwas zu sagen. Stellen Sie sich vor, wie dumm ich mir vorkommen mußte mit dem jungen Mann, dem ich zum erstenmal im Leben begegnete. Ich fühlte mich so verwirrt, als ich sie einfach weggehen sah, daß mir gerade das Mut machte: Ich fing an zu reden. Ich fragte ihn nach seinem Beruf; er war Kurzwarenverkäufer, das habe ich Ihnen ja vorhin schon gesagt. So unterhielten wir uns eine Zeitlang, und das gab ihm Mut; er wollte sich Vertraulichkeiten herausnehmen, aber ich wies ihn zurecht, und zwar sehr heftig. Oder etwa nicht, Beaurain?»

Herr Beaurain, der verwirrt auf seine Füße starrte, gab keine Antwort.

Sie fuhr fort: «Jedenfalls hat er gemerkt, daß ich anständig war, der junge Mann, und hat mir nett und brav den Hof gemacht. Von dem Tage an ist er jeden Sonntag

tous les dimanches. Il était très amoureux de moi, Monsieur. Et moi aussi je l'aimais beaucoup, mais là, beaucoup! c'était un beau garçon, autrefois.

«Bref, il m'épousa en septembre et nous prîmes notre commerce rue des Martyrs.

«Ce fut dur pendant des années, Monsieur. Les affaires n'allaient pas; et nous ne pouvions guère nous payer des parties de campagne. Et puis, nous en avions perdu l'habitude. On a autre chose en tête; on pense à la caisse plus qu'aux fleurettes, dans le commerce. Nous vieillissions, peu à peu, sans nous en apercevoir, en gens tranquilles qui ne pensent plus guère à l'amour. On ne regrette rien tant qu'on ne s'aperçoit pas que ça vous manque.

«Et puis, Monsieur, les affaires ont mieux été, nous nous sommes rassurés sur l'avenir! Alors, voyez-vous, je ne sais pas trop ce qui s'est passé en moi, non, vraiment, je ne sais pas!

«Voilà que je me suis remise à rêver comme une petite pensionnaire. La vue des voiturettes de fleurs qu'on traîne dans les rues me tirait les larmes. L'odeur des violettes venait me chercher à mon fauteuil, derrière ma caisse, et me faisait battre le cœur! Alors je me levais et je m'en venais sur le pas de ma porte pour regarder le bleu du ciel entre les toits. Quand on regarde le ciel dans une rue, ça a l'air d'une rivière, d'une longue rivière qui descend sur Paris en se tortillant; et les hirondelles passent dedans comme des poissons. C'est bête comme tout, ces choses-là, à mon âge! Que voulez-vous, Monsieur, quand on a travaillé toute sa vie, il vient un moment où on s'aperçoit qu'on aurait pu faire autre chose, et, alors, on regrette, oh! oui, on regrette! Songez donc que, pendant vingt ans, j'aurais pu aller cueillir des baisers dans les bois, comme les autres, comme les autres femmes. Je songeais
96 comme c'est bon d'être couché sous les feuilles en
97 aimant quelqu'un! Et j'y pensais tous les jours,

gekommen. Er war sehr verliebt in mich, Monsieur. Und ich liebte ihn auch, oh ja, sehr sogar; er war früher ein schöner junger Mann.

Also gut: Im September hat er mich geheiratet, und wir haben unseren Kurzwarenladen in der Rue des Martyrs übernommen.

Die ersten Jahre waren hart, Monsieur. Das Geschäft lief nicht, und Ausflüge aufs Land konnten wir uns kaum leisten. Außerdem haben wir uns so etwas abgewöhnt. Man hat anderes im Kopf, im Einzelhandel denkt man eher an die Kasse als ans Küssen und Kosen. Wir wurden langsam älter, ohne es zu merken, wurden gesetzte Leute, die kaum noch an Liebe denken. Man trauert etwas ja nicht nach, solange man es nicht vermißt.

Und dann, Monsieur, ging es besser mit dem Geschäft, wir waren beruhigt über die Zukunft! Und da, sehen Sie, ich weiß selber nicht recht, was da plötzlich mit mir los war, wirklich, ich weiß es nicht!

Jedenfalls habe ich wieder geträumt wie ein Schulmädchen. Beim bloßen Anblick der Blumenverkaufskarren, die durch die Straßen gezogen wurden, kamen mir die Tränen. Der Duft der Veilchen verfolgte mich bis zu meinem Sitz hinter der Ladenkasse und machte mir Herzklopfen! Ich stand dann auf und stellte mich auf die Schwelle, um den blauen Himmel zwischen den Dächern anzuschauen. Wenn man den Himmel aus einer Straße heraus betrachtet, kommt er einem vor wie ein Fluß, ein langer Fluß, der mit vielen Windungen nach Paris hineinfließt, und die Schwalben bewegen sich darin wie Fische. Wirklich blöd, so etwas, und in meinem Alter! Aber was wollen Sie machen, Monsieur: Wenn man sein Leben lang gearbeitet hat, kommt ein Augenblick, da merkt man, daß man ganz etwas anderes hätte tun können, und dann bereut man es, oh, und wie man es bereut! Bedenken Sie, zwanzig Jahre lang hätte ich in den Wäldern Küsse einsammeln können wie die anderen, wie die anderen Frauen. Ich träumte davon, wie schön es sein mußte, unterm Blattwerk zu liegen und jemanden zu lieben! Tag für Tag habe ich daran gedacht, Nacht für Nacht! Ich

toutes les nuits! Je rêvais de clairs de lune sur l'eau jusqu'à avoir envie de me noyer.

«Je n'osais pas parler de ça à M. Beaurain dans les premiers temps. Je savais bien qu'il se moquerait de moi et qu'il me renverrait vendre mon fil et mes aiguilles! Et puis, à vrai dire, M. Beaurain ne me disait plus grand'chose; mais en me regardant dans ma glace, je comprenais bien aussi que je ne disais plus rien à personne, moi!

«Donc, je me décidai et je lui proposai une partie de campagne au pays où nous nous étions connus. Il accepta sans défiance et nous voici arrivés, ce matin, vers les neuf heures.

«Moi je me sentis toute retournée quand je suis entrée dans les blés. Ça ne vieillit pas, le cœur des femmes! Et, vrai, je ne voyais plus mon mari tel qu'il est, mais bien tel qu'il était autrefois! Ça, je vous le jure, Monsieur. Vrai de vrai, j'étais grise. Je me mis à l'embrasser; il en fut plus étonné que si j'avais voulu l'assassiner. Il me répétait: «Mais tu es folle. Mais tu es folle, ce matin. Qu'est-ce qui te prend?...» Je ne l'écoutais pas, moi, je n'écoutais que mon cœur. Et je le fis entrer dans le bois... Et voilà... j'ai dit la vérité, monsieur le Maire, toute la vérité.»

Le maire était un homme d'esprit. Il se leva, sourit, et dit: «Allez en paix, Madame, et ne péchez plus... sous les feuilles.»

malte mir Mondscheinnächte auf dem Fluß aus, bis ich am liebsten ins Wasser gegangen wäre.

Die erste Zeit habe ich nicht gewagt, mit Herrn Beaurain darüber zu sprechen. Ich wußte ja, daß er sich über mich lustig machen und ans Verkaufen von Nadel und Faden zurückschicken würde! Außerdem, um ehrlich zu sein, sagte mir Herr Beaurain nicht mehr viel; wenn ich mich allerdings im Spiegel sah, war mir klar, daß ich auch niemandem mehr etwas sagte!

Also, ich habe mich entschlossen und ihm einen Ausflug aufs Land in die Gegend vorgeschlagen, wo wir uns kennengelernt hatten. Er hat ganz arglos zugestimmt, und so sind wir heute morgen gegen neun Uhr angekommen.

Ich fühlte mich wie umgekrempelt, als ich zu den Kornfeldern kam. Wirklich, Frauenherzen altern nicht. Und ich sah meinen Mann nicht so, wie er ist, sondern so, wie er einmal war! Ich schwöre es Ihnen, Monsieur. Ich war wie betrunken, das ist die reine Wahrheit. Und ich habe ihn abgeküßt; er war mehr erstaunt, als wenn ich ihn hätte ermorden wollen. Er sagte immer wieder: ‹Du bist ja verrückt. Du bist verrückt heute morgen. Was ist denn los mit dir? . . .› Ich hörte nicht auf ihn, ich hörte nur auf mein Herz. Und ich zog ihn in den Wald . . . So ist es gekommen . . . Ich habe die Wahrheit gesagt, Herr Bürgermeister, nichts als die Wahrheit.»

Der Bürgermeister war ein witziger Mann. Er erhob sich und sagte lächelnd: «Gehen Sie in Frieden, Madame, und sündigen Sie hinfort nicht mehr . . . im Grünen.»

Paris venait d'apprendre le désastre de Sedan. La République était proclamée. La France entière haletait au début de cette démence qui dura jusqu'après la Commune. On jouait au soldat d'un bout à l'autre du pays.

Des bonnetiers étaient colonels faisant fonctions de généraux; des revolvers et des poignards s'étalaient autour de gros ventres pacifiques enveloppés de ceintures rouges; des petits bourgeois devenus guerriers d'occasion commandaient des bataillons de volontaires braillards et juraient comme des charretiers pour se donner de la prestance.

Le seul fait de tenir des armes, de manier des fusils à système affolait ces gens qui n'avaient jusqu'ici manié que des balances, et les rendait, sans aucune raison, redoutables au premier venu. On exécutait des innocents pour prouver qu'on savait tuer; on fusillait, en rôdant par les campagnes vierges encore de Prussiens, les chiens errants, les vaches ruminant en paix, les chevaux malades pâturant dans les herbages.

Chacun se croyait appelé à jouer un grand rôle militaire. Les cafés des moindres villages, pleins de commerçants en uniforme, ressemblaient à des casernes ou à des ambulances.

Le bourg de Canneville ignorait encore les affolantes nouvelles de l'armée et de la capitale; mais une extrême agitation le remuait depuis un mois, les partis adverses se trouvant face à face.

Le maire, M. le vicomte de Varnetot, petit homme maigre, vieux déjà, légitimiste rallié à l'Empire depuis peu, par ambition, avait vu surgir un adversaire déterminé dans le docteur Massarel, gros homme sanguin, chef du parti républicain dans
100 l'arrondissement, vénérable de la loge maçonnique
101 du chef-lieu, président de la Société d'agriculture

Ein Staatsstreich

Paris hatte soeben die Nachricht von der Katastrophe von Sedan erfahren. Die Republik war ausgerufen worden. Ganz Frankreich stöhnte unter dem Anfang des Wahnsinns, der bis nach dem Aufstand der Commune dauern sollte. Von einem Ende des Landes zum anderen spielte man Soldat.

Bescheidene Kurzwarenhändler waren nun Obersten und führten sich als Generäle auf; Revolver und Dolche hingen vor dicken, friedlichen Bäuchen, um die eine rote Schärpe geschlungen war; brave Kleinbürger befehligten als Gelegenheitskrieger Bataillone großsprecherischer Freiwilliger und fluchten wie Kutscher, um sich ein Ansehen zu geben.

Die bloße Tatsache, daß sie Waffen hatten und mit Hinterladern umgingen, brachte diese Leute, die bis dahin nur ihre Krämerwaagen bedient hatten, völlig durcheinander und machte sie gänzlich überflüssigerweise zu einer Gefahr für jeden, der ihnen über den Weg lief. Sie erschossen harmlose Leute, um zu beweisen, daß sie töten konnten. Sie streiften durch das Land, das noch kein Preuße betreten hatte, und knallten streunende Hunde ab, friedlich wiederkäuende Kühe und lahme Pferde, die auf den Weiden grasten.

Jeder glaubte sich berufen, eine große militärische Rolle zu spielen. In den kleinsten Dörfern waren die Kneipen voll von Ladenbesitzern in Uniform und sahen aus wie Kasernen oder Feldlazarette.

In das Städtchen Canneville waren die Schreckensnachrichten von der Armee und aus der Hauptstadt noch nicht gedrungen, aber seit einem Monat herrschte größte Erregung, weil die feindlichen Parteien einander unmittelbar gegenüberstanden.

Der Bürgermeister, der Vicomte von Varnetot, ein kleiner, hagerer, schon älterer Mann, ein Legitimist, der seit kurzem aus Ehrgeiz Anhänger des Kaiserreiches war, hatte einen entschlossenen Gegner in Doktor Massarel gefunden, einem dicken Sanguiniker, Haupt der Republikanischen Partei des Arrondissements, Meister vom Stuhl in der Freimaurerloge der Kreisstadt, Präsident der Landwirtschaftlichen

et du banquet des pompiers, et organisateur de la milice rurale qui devait sauver la contrée.

En quinze jours, il avait trouvé le moyen de décider à la défense du pays soixante-trois volontaires mariés et pères de famille, paysans prudents et marchands du bourg, et il les exerçait, chaque matin, sur la place de la mairie.

Quand le maire, par hasard, venait au bâtiment communal, le commandant Massarel, bardé de pistolets, passant fièrement, le sabre en main, devant le front de sa troupe, faisait hurler à son monde: «Vive la patrie!» Et ce cri, on l'avait remarqué, agitait le petit vicomte, qui voyait là sans doute une menace, un défi, en même temps qu'un souvenir odieux de la grande Révolution.

Le 5 septembre au matin, le docteur en uniforme, son revolver sur sa table, donnait une consultation à un couple de vieux campagnards, dont l'un, le mari, atteint de varices depuis sept ans, avait attendu que sa femme en eût aussi pour venir trouver le médecin, quand le facteur apporta le journal.

M. Massarel l'ouvrit, pâlit, se dressa brusquement, et, levant les deux bras au ciel dans un geste d'exaltation, il se mit à vociférer de toute sa voix devant les deux ruraux affolés:

– Vive la République! vive la République! vive la République!

Puis il retomba sur son fauteuil, défaillant d'émotion.

Et comme le paysan reprenait: «Ça a commencé par des fourmis qui me couraient censément le long des jambes,» le docteur Massarel s'écria:

– Fichez-moi la paix; j'ai bien le temps de m'occuper de vos bêtises. La République est proclamée, l'empereur est prisonnier, la France est sauvée.
102 Vive la République! Et courant à la porte, il beugla:
103 Céleste, vite, Céleste!

Gesellschaft und des Feuerwehr-Festausschusses sowie Organisator der Landmiliz, die die Gegend schützen sollte.

Innerhalb von vierzehn Tagen hatte er es fertiggebracht, dreiundsechzig Freiwillige zur Verteidigung des Landes zu bewegen, Ehemänner und Familienväter, bedächtige Bauern und Kaufleute aus dem Ort, und jeden Morgen ließ er seine Leute auf dem Rathausplatz exerzieren.

Wenn der Bürgermeister zufällig um diese Zeit ins Rathaus ging, marschierte der Kommandant an der Spitze seiner Truppe, Pistolen im Gürtel, den Säbel in der Faust, stolz an ihm vorbei und ließ seine Leute brüllen: «Es lebe das Vaterland!» Dieser Ruf, das war allgemein aufgefallen, erboste den kleinen Vicomte, der darin zweifellos eine Drohung, eine Herausforderung und offenbar eine widerwärtige Erinnerung an die Große Revolution erblickte.

Am Morgen des 5. September behandelte der Doktor, in Uniform, den Revolver auf dem Tisch, ein altes Bauernpaar. Der Mann litt schon seit sieben Jahren an Krampfadern und hatte den Gang zum Arzt so lange hinausgeschoben, bis seine Frau auch welche bekommen hatte. In diesem Augenblick brachte der Briefträger die Zeitung.

Herr Massarel entfaltete sie, erbleichte, richtete sich ruckartig auf, hob beide Arme mit begeisterter Gebärde gen Himmel und rief zum Entsetzen der beiden Bauersleute aus vollem Halse:

«Es lebe die Republik! Es lebe die Republik! Es lebe die Republik!»

Dann fiel er ganz erschöpft vor Erregung wieder in seinen Sessel.

Und als der Bauer wieder ansetzte: «Das hat angefangen damit, daß es mir direkt wie Ameisen die Beine raufkrabbelte», schrie Doktor Massarel:

«Laßt mich in Ruhe; ich habe jetzt gerade Zeit, um mich mit eurem Blödsinn abzugeben. Die Republik ist ausgerufen, der Kaiser ist gefangen, Frankreich ist gerettet. Es lebe die Republik!» Dann lief er zur Tür und brüllte: «Céleste, schnell, Céleste!»

La bonne épouvantée accourut; il bredouillait tant il parlait rapidement.

– Mes bottes, mon sabre, ma cartouchière et le poignard espagnol qui est sur ma table de nuit: dépêche-toi!

Comme le paysan obstiné, profitant d'un instant de silence, continuait:

– Ça a devenu comme des poches qui me faisaient mal en marchant.

Le médecin exaspéré hurla:

– Fichez-moi donc la paix, nom d'un chien, si vous vous étiez lavé le pieds, ça ne serait pas arrivé.

Puis, le saisissant au collet, il lui jeta dans la figure:

– Tu ne sens donc pas que nous sommes en république, triple brute?

Mais le sentiment professionnel le calma tout aussitôt, et il poussa dehors le ménage abasourdi, en répétant:

– Revenez demain, revenez demain, mes amis. Je n'ai pas le temps aujourd'hui.

Tout en s'équipant des pieds à la tête, il donna de nouveau une série d'ordres urgents à sa bonne:

– Cours chez le lieutenant Picart et chez le sous-lieutenant Pommel, et dis-leur que je les attends ici immédiatement. Envoie-moi aussi Torchebeuf avec son tambour, vite, vite.

Et quand Céleste fut sortie, il se recueillit, se préparant à surmonter les difficultés de la situation.

Les trois hommes arrivèrent ensemble, en vêtement de travail. Le commandant, qui s'attendait à les voir en tenue, eut un sursaut.

– Vous ne savez donc rien, sacrebleu? L'empereur est prisonnier, la République est proclamée. Il faut agir. La situation est délicate, je dirai plus, périlleuse.

104 Il réfléchit quelques secondes devant les visages
105 ahuris de ses subordonnés, puis reprit:

Das Mädchen lief erschrocken herbei. Er verhaspelte sich, so schnell sprach er:

«Meine Stiefel, meinen Säbel, meine Patronentasche und den spanischen Dolch, der auf meinem Nachttisch liegt. Beeil dich!»

Der Bauer benutzte diesen Augenblick der Stille, um hartnäckig weiterzusprechen:

«Das wurde dann wie Beulen, die beim Gehen weh taten.»

Der Arzt schrie vor Aufregung:

«Lassen Sie mich doch in Ruhe, zum Donnerwetter! Wenn Sie sich die Füße gewaschen hätten, wäre es nicht passiert!»

Dann packte er ihn beim Kragen und schleuderte ihm die Worte ins Gesicht:

«Spürst du denn nicht, daß wir jetzt in einer Republik leben, du dreifaches Rindvieh?»

Aber sein Berufsinstinkt ließ ihn gleich wieder sanfter werden; er schob das verstörte Paar zur Tür hinaus und sagte:

«Kommt morgen wieder, kommt morgen wieder, liebe Leute. Heute habe ich keine Zeit.»

Indem er sich vom Kopf bis zum Fuß rüstete, gab er dem Mädchen eine Reihe weiterer dringender Anweisungen:

«Lauf zu Oberleutnant Picart und zu Leutnant Pommel und sag ihnen, daß ich sie unverzüglich hier erwarte. Schick mir auch Torchebeuf mit seiner Trommel, schnell, schnell.»

Als Céleste weggelaufen war, rang er nach Fassung und bereitete sich darauf vor, die Schwierigkeiten der Lage zu meistern.

Die drei Männer kamen zu gleicher Zeit, und zwar in ihrem Arbeitszeug. Der Kommandant, der erwartet hatte, sie in Uniform zu sehen, sprang auf:

«Himmeldonnerwetter, wissen Sie denn von gar nichts? Der Kaiser ist gefangen, die Republik ist ausgerufen. Wir müssen handeln. Die Lage ist schwierig, ja geradezu gefährlich!»

Er überlegte ein paar Sekunden, während seine Untergebenen ihn entsetzt anstarrten, und sagte dann:

– Il faut agir et ne pas hésiter; les minutes valent des heures dans des instants pareils. Tout dépend de la promptitude des décisions. Vous, Picart, allez trouver le curé et sommez-le de sonner le tocsin pour réunir la population que je vais prévenir. Vous, Torchebeuf, battez le rappel dans toute la commune jusqu'aux hameaux de la Gerisaie et de Salmare pour rassembler la milice en armes sur la place. Vous, Pommel, revêtez promptement votre uniforme, rien que la tunique et le képi. Nous allons occuper ensemble la mairie et sommer M. de Varnetot de me remettre ses pouvoirs. C'est compris?

– Oui.

– Exécutez, et promptement. Je vous accompagne jusque chez vous, Pommel, puisque nous opérons ensemble.

Cinq minutes plus tard, le commandant et son subalterne, armés jusqu'aux dents, apparaissaient sur la place juste au moment où le petit vicomte de Varnetot, les jambes guêtrées comme pour une partie de chasse, son lefaucheux sur l'épaule, débouchait à pas rapides par l'autre rue, suivi de ses trois gardes en tunique verte, le couteau sur la cuisse et le fusil en bandoulière.

Pendant que le docteur s'arrêtait, stupéfait, les quatre hommes pénétrèrent dans la mairie dont la porte se referma derrière eux.

– Nous sommes devancés, murmura le médecin, il faut maintenant attendre du renfort. Rien à faire pour le quart d'heure.

Le lieutenant Picart reparut:

– Le curé a refusé d'obéir, dit-il; il s'est même enfermé dans l'église avec le bedeau et le suisse.

Et, de l'autre côté de la place, en face de la mairie blanche et close, l'église muette et noire, mon-
106 trait sa grande porte de chêne garnie de ferrures
107 de fer.

«Wir müssen handeln, ohne zu zögern; in solchen Augenblicken zählen Minuten wie Stunden. Alles hängt von der Schnelligkeit unserer Entschlüsse ab. Sie, Picart, gehen zum Pfarrer und fordern ihn auf, die Sturmglocke zu läuten, um die Bevölkerung zu versammeln, die ich aufklären werde. Sie, Torchebeuf, schlagen den Generalmarsch in der ganzen Gemeinde einschließlich der Weiler La Gerisaie und Salmare, damit die Miliz mit ihren Waffen auf dem Rathausplatz antritt. Sie, Pommel, ziehen sofort Ihre Uniform an, Waffenrock und Käppi genügen.

Wir werden gemeinsam das Rathaus besetzen und Herrn von Varnetot auffordern, mir seine Befugnisse zu übertragen. Verstanden?»

«Jawohl.»

«Vorwärts marsch, und zwar ein bißchen flink. Ich begleite Sie nach Hause, Pommel, da wir zusammen operieren.»

Fünf Minuten später erschienen der Kommandant und sein Untergebener, bis an die Zähne bewaffnet, auf dem Platz – im selben Augenblick, in dem der kleine Vicomte, Gamaschen an den Beinen wie für die Jagd und seinen Verschlußlader auf der Schulter, mit schnellen Schritten aus der anderen Straße kam, gefolgt von seinen drei Aufsehern im grünen Rock, das Jagdmesser an der Seite und die Büchse am Riemen.

Während der Doktor verblüfft stehenblieb, betraten die vier Männer das Rathaus, und die Tür schloß sich hinter ihnen.

«Sie sind uns zuvorgekommen», murmelte der Arzt, «jetzt müssen wir Verstärkung abwarten. Für die nächste Viertelstunde ist nichts zu machen.»

Oberleutnant Picart erschien wieder:

«Der Pfarrer hat sich geweigert, zu gehorchen», sagte er, «er hat sich sogar mit dem Kirchendiener und dem Küster in der Kirche eingeschlossen.»

Auf der anderen Seite des Platzes, gegenüber dem weißen, verschlossenen Rathaus, stand stumm und schwarz die Kirche und zeigte ihr großes Eichentor mit den eisernen Beschlägen.

Alors, comme les habitants intrigués mettaient le nez aux fenêtres ou sortaient sur le seuil des maisons, le tambour soudain roula, et Torchebeuf apparut, battant avec fureur les trois coups précipités du rappel. Il traversa la place au pas gymnastique, puis disparut dans le chemin des champs.

Le commandant tira son sabre, s'avança seul, à moitié distance environ entre les deux bâtiments où s'était barricadé l'ennemi et, agitant son arme audessus de sa tête, il mugit de toute la force de ses poumons:

– Vive la République! Mort aux traîtres!

Puis il se replia vers ses officiers.

Le boucher, le boulanger et le pharmacien, inquiets, accrochèrent leurs volets et fermèrent leurs boutiques. Seul l'épicier demeura ouvert.

Cependant les hommes de la milice arrivaient peu à peu, vêtus diversement et tous coiffés d'un képi noir à galon rouge, le képi constituant tout l'uniforme du corps. Ils étaient armés de leurs vieux fusils rouillés, ces vieux fusils pendus depuis trente ans sur les cheminées des cuisines, et ils ressemblaient assez à un détachement de gardes champêtres.

Lorsqu'il en eut une trentaine autour de lui, le commandant, en quelques mots, les mit au fait des événements; puis, se tournant vers son état-major: «Maintenant, agissons,» dit-il.

Les habitants se rassemblaient, examinaient et devisaient.

Le docteur eut vite arrêté son plan de campagne:

– Lieutenant Picart, vous allez vous avancer sous les fenêtres de cette mairie et sommer M. de Varnetot, au nom de la République, de me remettre la maison de ville.

Mais le lieutenant, un maître maçon, refusa:

– Vous êtes encore un malin, vous. Pour me faire flanquer un coup de fusil, merci. Ils tirent

Da ertönte, während die neugierig gewordenen Einwohner die Nase aus den Fenstern steckten oder auf die Schwelle ihrer Häuser traten, plötzlich die Trommel; Torchebeuf erschien und schlug in wildem Eifer die drei schnellen Trommelwirbel des Generalmarsches. Er überquerte den Platz im Laufschritt und verschwand dann auf dem Weg in die Felder.

Der Kommandant zückte seinen Säbel, rückte allein bis etwa zur Mitte zwischen den beiden Gebäuden, in denen sich der Feind verbarrikadiert hatte, vor, schwang seine Waffe über dem Kopf und brüllte mit der ganzen Kraft seiner Lungen:

«Es lebe die Republik! Tod den Verrätern!»

Dann zog er sich wieder zu seinen Offizieren zurück.

Der Schlachter, der Bäcker und der Apotheker verriegelten ängstlich ihre Fensterläden und schlossen ihre Geschäfte. Nur der Krämer hielt seines offen.

Unterdessen trafen nach und nach die Männer der Miliz ein, ganz verschieden gekleidet, aber jeder ein schwarzes Käppi mit roter Tresse auf dem Kopf. Das Käppi bildete die ganze Uniform dieser Armee. Sie waren mit alten, verrosteten Flinten bewaffnet, die schon seit dreißig Jahren über dem Küchenherd gehangen hatten, und sahen eher wie eine Abteilung von Flurhütern aus.

Als ungefähr dreißig Mann um ihn versammelt waren, teilte ihnen der Kommandant in wenigen Worten die Ereignisse mit. Dann wandte er sich an seinen Generalstab und sagte: «Jetzt heißt es handeln!»

Die Leute des Dorfes waren zusammengeströmt; sie gafften und besprachen die Sache.

Der Doktor hatte seinen Feldzugsplan schnell gefaßt:

«Oberleutnant Picart, Sie werden jetzt bis unter die Fenster dieses Rathauses vorrücken und Herrn von Varnetot im Namen der Republik auffordern, mir das Gebäude zu übergeben.»

Aber der Oberleutnant, ein Maurermeister, weigerte sich:

«Sie sind mir ein schöner Schlaumeier! Ich soll mir wohl eins aufbrennen lassen? Besten Dank! Die da drinnen

bien, ceux qui sont là dedans, vous savez. Faites vos commissions vous-même.

Le commandant devint rouge:

– Je vous ordonne d'y aller au nom de la discipline.

Le lieutenant se révolta:

– Plus souvent que je me ferai casser la figure sans savoir pourquoi.

Les notables, rassemblés en un groupe voisin, se mirent à rire. Un d'eux cria:

– T'as raison, Picart, c'est pas l' moment!

Le docteur, alors, murmura:

– Lâches!

Et, déposant son sabre et son revolver aux mains d'un soldat, il s'avança d'un pas lent, l'œil fixé sur les fenêtres, s'attendant à en voir sortir un canon de fusil braqué sur lui.

Comme il n'était qu'à quelques pas du bâtiment, les portes des deux extrémités donnant entrée dans les deux écoles s'ouvrirent, et un flot de petits êtres, garçons par-ci, filles par-là, s'en échappèrent et se mirent à jouer sur la grande place vide, piaillant, comme un troupeau d'oies, autour du docteur, qui ne pouvait se faire entendre.

Aussitôt les derniers élèves sortis, les deux portes s'étaient refermées.

Le gros des marmots enfin se dispersa, et le commandant appela d'une voix forte:

– Monsieur de Varnetot?

Une fenêtre du premier étage s'ouvrit. M. de Varnetot parut.

Le commandant reprit:

– Monsieur, vous savez les grands événements qui viennent de changer la face du gouvernement. Celui que vous représentiez n'est plus. Celui que je représente monte au pouvoir. En ces circons-
110 tances douloureuses, mais décisives, je viens vous
111 demander, au nom de la nouvelle République, de

schießen gut, wissen Sie. Erledigen Sie Ihre Aufträge doch selber.»

Der Kommandant lief rot an:

«Ich gebe Ihnen den dienstlichen Befehl, hinzugehen!»

Der Oberleutnant lehnte sich auf:

«Ich werde mich gerade für nichts und wieder nichts abknallen lassen.»

Die Honoratioren, die in einer Gruppe in der Nähe standen, begannen zu lachen. Einer von ihnen rief:

«Recht hast du, Picart, das ist nicht der richtige Augenblick!»

Da murmelte der Doktor:

«Feiglinge!»

Und nachdem er seinen Säbel und seinen Revolver einem Soldaten übergeben hatte, ging er mit langsamen Schritten vor, die Augen starr auf die Fenster gerichtet, aus denen wohl gleich ein Gewehrlauf auf ihn gerichtet werden würde.

Als er nur noch wenige Schritte von dem Gebäude entfernt war, öffneten sich die Türen an den beiden Flügeln, die in die zwei Schulen führen, und eine Flut von Kindern quoll heraus, die Jungen auf der einen, die Mädchen auf der anderen Seite. Schnatternd wie eine Herde Gänse begannen sie auf dem großen, leeren Platz um den Doktor herum zu spielen, der sich kein Gehör verschaffen konnte.

Sobald die letzten Schüler heraus waren, hatten sich die beiden Türen wieder geschlossen.

Schließlich hatten sich die meisten Kinder verlaufen, und der Kommandant rief mit lauter Stimme:

«Herr von Varnetot!»

Ein Fenster im ersten Stock ging auf. Herr von Varnetot erschien.

Der Kommandant setzte wieder an:

«Mein Herr, Sie wissen, welche großen Ereignisse die Regierungsform verändert haben. Diejenige, die Sie vertreten haben, hat aufgehört zu bestehen. Diejenige, die ich vertrete, ist an die Macht gelangt. In dieser tragischen, aber entscheidungsschweren Lage fordere ich Sie im Namen der neuen Republik auf, die Befugnisse, die Ihnen von

remettre en mes mains les fonctions dont vous avez été investi par le précédent pouvoir.

M. de Varnetot répondit:

– Monsieur le docteur, je suis maire de Canneville, nommé par l'autorité compétente, et je resterai maire de Canneville tant que je n'aurai pas été révoqué et remplacé par un arrêté de mes supérieurs. Maire, je suis chez moi dans la mairie, et j'y reste. Au surplus, essayez de m'en faire sortir.

Et il referma la fenêtre.

Le commandant retourna vers sa troupe. Mais, avant de s'expliquer, toisant du haut en bas le lieutenant Picart:

– Vous êtes un crâne, vous; un fameux lapin, la honte de l'armée. Je vous casse de votre grade.

Le lieutenant répondit:

– Je m'en fiche un peu.

Et il alla se mêler au groupe murmurant des habitants.

Alors le docteur hésita. Que faire? Donner l'assaut? Mais ses hommes marcheraient-ils? Et puis, en avait-il le droit?

Une idée l'illumina. Il courut au télégraphe dont le bureau faisait face à la mairie, de l'autre côté de la place. Et il expédia trois dépêches:

A MM. les membres du gouvernement républicain, à Paris;

A M. le nouveau préfet republicain de la Seine-Inférieure, à Rouen;

A M. le nouveau sous-préfet républicain de Dieppe.

Il exposait la situation, disait le danger couru par la commune demeurée aux mains de l'ancien maire monarchiste, offrait ses services dévoués, demandait des ordres et signait en faisant suivre son nom de tous ses titres.

112 Puis il revint vers son corps d'armée et, tirant dix
113 francs de sa poche: «Tenez, mes amis, allez manger

der alten Regierung übertragen worden sind, mir zu übergeben.»

Herr von Varnetot erwiderte:

«Herr Doktor, ich bin Bürgermeister von Canneville, von der zuständigen Behörde ernannt, und ich werde Bürgermeister von Canneville bleiben, solange ich nicht durch einen Befehl meiner Vorgesetzten abberufen und abgelöst werde. Als Bürgermeister bin ich hier im Rathaus an meinem Platz und werde an diesem Platz bleiben. Im übrigen: Versuchen Sie doch, mich daraus zu vertreiben.»

Und damit schloß er das Fenster.

Der Kommandant kehrte zu seiner Truppe zurück. Aber bevor er seine Anordnungen traf, musterte er Oberleutnant Picart verächtlich von oben bis unten:

«Sie sind ein Großmaul, Sie; ein schöner Hasenfuß, eine Schande für die Armee. Ich degradiere Sie.»

Der Oberleutnant antwortete:

«Das ist mir völlig schnuppe.»

Und damit verschwand er in der Gruppe der schwatzenden Dorfleute.

Der Doktor überlegte. Was sollte er tun? Angreifen lassen? Würden seine Leute aber gehorchen? Und vor allem: Hatte er das Recht dazu?

Da kam ihm der erleuchtende Einfall. Er lief zum Telegraphenamt, das gegenüber vom Rathaus an der anderen Seite des Platzes lag, und gab drei Depeschen auf:

An die Herren Mitglieder der republikanischen Regierung in Paris;

An den neuen republikanischen Präfekten des Départements Seine-Inférieure in Rouen;

An den neuen republikanischen Unterpräfekten in Dieppe.

Er erklärte die Lage, schilderte die Gefahr, in der sich die Gemeinde unter dem alten monarchistischen Bürgermeister befand, bot seine ergebenen Dienste an, erbat Befehle und unterzeichnete, indem er alle seine Titel hinter seinen Namen setzte.

Dann kehrte er zu seinem Armeekorps zurück, zog zehn Franken aus der Tasche und sagte: «Nehmt das, liebe

et boire un coup; laissez seulement ici un détachement de dix hommes pour que personne ne sorte de la mairie.»

Mais l'ex-lieutenant Picart, qui causait avec l'horloger, entendit; il se mit à ricaner et prononça: «Pardi, s'ils sortent, ce sera une occasion d'entrer. Sans ça, je ne vous vois pas encore là dedans, moi!»

Le docteur ne répondit pas, et il alla déjeuner.

Dans l'après-midi, il disposa des postes tout autour de la commune, comme si elle était menacée d'une surprise.

Il passa plusieurs fois devant les portes de la maison de ville et de l'église sans rien remarquer de suspect; on aurait cru vides ces deux bâtiments.

Le boucher, le boulanger et le pharmacien rouvrirent leurs boutiques.

On jasait beaucoup dans les logis. Si l'empereur était prisonnier, il y avait quelque traîtrise là-dessous. On ne savait pas au juste laquelle des républiques était revenue.

La nuit tomba.

Vers neuf heures, le docteur s'approcha seul, sans bruit, de l'entrée du bâtiment communal, persuadé que son adversaire était parti se coucher; et, comme il se disposait à enfoncer la porte à coups de pioche, une voix forte, celle d'un garde, demanda tout à coup:

– Qui va là?

Et M. Massarel battit en retraite à toutes jambes.

Le jour se leva sans que rien fût changé dans la situation.

La milice en armes occupait la place. Tous les habitants s'étaient réunis autour de cette troupe, attendant une solution. Ceux des villages voisins arrivaient pour voir.

Alors, le docteur, comprenant qu'il jouait sa ré-
114 putation, résolut d'en finir d'une manière ou d'une
115 autre; et il allait prendre une résolution quelcon-

Freunde, geht und eßt und trinkt etwas. Nur eine Abteilung von zehn Mann bleibt hier und paßt auf, daß niemand das Rathaus verläßt.»

Exoberleutnant Picart aber, der sich mit dem Uhrmacher unterhielt, hörte das, machte sich darüber lustig und erklärte: «Mein Gott, wenn die rausgehen, wäre das doch eine Gelegenheit, reinzukommen. Sonst sehe ich Sie nämlich noch nicht da drinnen!»

Der Doktor antwortete nicht und ging zum Mittagessen.

Am Nachmittag stellte er rings um die Gemeinde Posten auf, als wäre sie durch einen Handstreich bedroht.

Mehrere Male ging er an den Türen des Rathauses und der Kirche vorbei. Aber er bemerkte nichts Verdächtiges; die beiden Gebäude waren wie ausgestorben.

Der Schlachter, der Bäcker und der Apotheker machten ihre Läden wieder auf.

In den Häusern wurde eifrig diskutiert. Wenn der Kaiser gefangen war, mußte irgendwie Verrat im Spiele sein. Man wußte auch nicht genau, welche Republik wiedergekommen war.

Die Nacht brach herein.

Gegen neun Uhr näherte sich der Doktor lautlos allein dem Eingang des Rathauses, weil er glaubte, daß sein Widersacher zum Schlafen nach Hause gegangen sei. Als er sich aber daran machte, die Tür mit der Spitzhacke einzuschlagen, fragte plötzlich die laute Stimme eines Aufsehers von drinnen:

«Wer da?»

Und Herr Massarel trat schleunigst den Rückzug an.

Der Morgen graute, ohne daß sich die Lage geändert hätte.

Die bewaffnete Miliz hielt den Platz besetzt. Alle Dorfleute hatten sich um die Truppe versammelt und warteten auf eine Entscheidung. Die Bewohner der Nachbardörfer kamen, um zuzuschauen.

Da erkannte der Doktor, daß sein Ruf auf dem Spiel stand. Er beschloß, auf irgendeine Weise die Sache zu Ende zu bringen. Gerade wollte er einen Entschluß fassen, einen

que, énergique assurément, quand la porte du télégraphe s'ouvrit et la petite servante de la directrice parut, tenant à la main deux papiers.

Elle se dirigea d'abord vers le commandant et lui remit une des dépêches; puis, traversant le milieu désert de la place, intimidée par tous les yeux fixés sur elle, baissant la tête et trottant menu, elle alla frapper doucement à la maison barricadée, comme si elle eût ignoré qu'un parti armé s'y cachait.

L'huis s'entre-bâilla; une main d'homme reçut le message, et la fillette revint, toute rouge, prête à pleurer, d'être dévisagée ainsi par le pays entier.

Le docteur commanda d'une voix vibrante:

– Un peu de silence, s'il vous plaît.

Et comme le populaire s'était tu, il reprit fièrement:

– Voici la communication que je reçois du gouvernement. Et, élevant sa dépêche, il lut:

ANCIEN MAIRE REVOQUE VEUILLEZ AVISER AU PLUS PRESSE RECEVREZ INSTRUCTIONS ULTERIEURES

POUR LE SOUS-PREFET

SAPIN CONSEILLER

Il triomphait; son cœur battait de joie; ses mains tremblaient, mais Picart, son ancien subalterne, lui cria d'un groupe voisin:

– C'est bon, tout ça; mais si les autres ne sortent pas, ça vous fait une belle jambe, votre papier.

Et M. Massarel pâlit. Si les autres ne sortaient pas, en effet, il fallait aller de l'avant maintenant. C'était non seulement son droit, mais aussi son devoir.

Et il regardait anxieusement la mairie, espérant qu'il allait voir la porte s'ouvrir et son adversaire se replier.

La porte restait fermée. Que faire? la foule aug-
116 mentait, se serrait autour de la milice. On riait.
117 Une réflexion surtout torturait le médicin. S'il

sehr energischen zweifellos, als die Tür des Telegraphenamtes aufging und das Dienstmädchen der Vorsteherin herauskam, zwei Zettel in der Hand.

Sie ging zunächst auf den Kommandanten zu und übergab ihm eine der Depeschen; dann überquerte sie mit gesenktem Kopf und kleinen Trippelschritten, eingeschüchtert durch die vielen auf sie gerichteten Blicke, die menschenleere Mitte des Platzes und klopfte leise an das verrammelte Gebäude, als wüßte sie nicht, daß sich darin eine bewaffnete Schar verbarg.

Die Tür öffnete sich einen Spalt. Eine Männerhand nahm die Botschaft entgegen; hochrot und dem Weinen nahe, weil das ganze Dorf sie anstarrte, ging das Mädchen zurück.

Der Doktor befahl mit erregter Stimme:

«Ruhe, wenn ich bitten darf!»

Als das Volk verstummt war, fuhr er stolz fort:

«Ich erhalte soeben folgende Mitteilung der Regierung.» Und indem er die Depesche hochhielt, las er:

BISHERIGER BUERGERMEISTER ABGESETZT SORGEN SIE FUER DAS NOETIGSTE WEITERE ANWEISUNGEN FOLGEN

FUER DEN UNTERPRAEFEKTEN

SAPIN AMTSRAT

Er triumphierte. Sein Herz schlug vor Freude, seine Hände zitterten. Aber Picart, sein ehemaliger Untergebener, rief ihm aus einer in der Nähe stehenden Gruppe zu:

«Das ist ja schön und gut. Aber wenn die anderen nicht raus wollen, nützt Ihnen der Wisch da einen Dreck.»

Massarel erbleichte. Wenn die anderen nicht herauskommen wollten, mußte er jetzt wirklich zum Angriff antreten. Das war nicht nur sein Recht, sondern seine Pflicht.

Sorgenvoll betrachtete er das Rathaus. Er hoffte, die Tür werde sich öffnen und sein Gegner sich zurückziehen.

Die Tür blieb geschlossen. Was tun? Die Menschenmenge wurde immer größer und drängte sich um die Miliz. Es wurde gelacht.

Eine Überlegung quälte den Arzt besonders. Wenn er

donnait l'asaut, il faudrait marcher à la tête de ses hommes; et comme, lui mort, toute contestation cesserait, c'était sur lui, sur lui seul que tireraient M. de Varnetot et ses trois gardes. Et ils tiraient bien, très bien; Picart venait encore de le lui répéter. Mais une idée l'illumina et, se tournant vers Pommel:

– Allez vite prier le pharmacien de me prêter une serviette et un bâton.

Le sous-lieutenant se précipita.

Il allait faire un drapeau parlementaire, un drapeau blanc dont la vue réjouirait peut-être le cœur légitimiste de l'ancien maire.

Pommel revint avec le linge demandé et un manche à balai. Au moyen de ficelles, on organisa cet étendard que M. Massarel saisit à deux mains; et il s'avança de nouveau vers la mairie en le tenant devant lui. Lorsqu'il fut en face de la porte, il appela encore: «Monsieur de Varnetot?» La porte s'ouvrit soudain, et M. de Varnetot apparut sur le seuil avec ses trois gardes.

Le docteur recula par un mouvement instinctif; puis il salua courtoisement son ennemi et prononça, étranglé par l'émotion: «Je viens, Monsieur, vous communiquer les instructions que j'ai reçues.»

Le gentilhomme, sans lui rendre son salut, répondit: «Je me retire, Monsieur, mais sachez bien que ce n'est ni par crainte, ni par obéissance à l'odieux gouvernement qui usurpe le pouvoir.» Et, appuyant sur chaque mot, il déclara: «Je ne veux pas avoir l'air de servir un seul jour la République. Voilà tout.»

Massarel, interdit, ne répondit rien; et M. de Varnetot, se mettant en marche d'un pas rapide, disparut au coin de la place, suivi toujours de son escorte.

118 Alors le docteur, éperdu d'orgueil, revint vers la
119 foule. Dès qu'il fut assez près pour se faire enten-

angreifen ließ, mußte er an der Spitze seiner Männer vorgehen, und da mit seinem Tode jegliche Auseinandersetzung hinfällig wäre, würden Herr von Varnetot und seine drei Aufseher auf ihn schießen, auf ihn allein. Und sie schossen gut, sehr gut sogar; Picart hatte es ihm ja gerade wieder gesagt! Plötzlich hatte er einen Einfall; er wandte sich an Pommel:

«Gehen Sie schnell zum Apotheker und bitten Sie ihn, mir ein Handtuch und einen Stock zu leihen.»

Der Leutnant stürzte davon.

Er wollte eine Parlamentärsfahne herstellen, eine weiße Fahne, deren Anblick vielleicht das legitimistische Herz des Exbürgermeisters anrühren würde.

Pommel kam mit dem verlangten Wäschestück und einem Besenstiel wieder. Mit Hilfe von Bindfäden bastelte man die Standarte zusammen. Herr Massarel ergriff sie mit beiden Händen und näherte sich von neuem dem Rathaus, indem er sie vor sich hochhielt. Als er vor der Tür angelangt war, rief er wieder: «Herr von Varnetot!» Mit einem Ruck ging die Tür auf, und Herr von Varnetot erschien mit seinen drei Aufsehern auf der Schwelle.

Der Doktor wich unwillkürlich etwas zurück; dann aber grüßte er seinen Feind höflich und erklärte mit vor Erregung erstickter Stimme: «Mein Herr, ich komme, um Ihnen die Anordnungen mitzuteilen, die ich empfangen habe.»

Ohne seinen Gruß zu erwidern, antwortete der Edelmann: «Mein Herr, ich ziehe mich zurück. Seien Sie sich aber darüber klar, daß dies nicht aus Furcht geschieht oder aus Gehorsam gegenüber der mir verhaßten Regierung, die sich die Macht angemaßt hat.» Und indem er jedes Wort betonte, fuhr er fort: «Es soll nicht so aussehen, als habe ich auch nur einen Tag der Republik gedient. Das ist alles.»

Massarel war so verblüfft, daß er nichts erwiderte. Herr von Varnetot machte sich mit schnellen Schritten auf den Weg und verschwand, immer noch in Begleitung seiner Aufseher, um die Ecke des Platzes.

Der Doktor kehrte stolzgeschwellt zu der gaffenden Menge zurück. Sowie er nahe genug herangekommen war,

dre, il cria: «Hurrah! hurrah! La République triomphe sur toute la ligne.»

Aucune émotion ne se manifesta.

Le médecin reprit: «Le peuple est libre, vous êtes libres, indépendants. Soyez fiers!»

Les villageois inertes le regardaient sans qu'aucune gloire illuminât leurs yeux.

A son tour, il les contempla, indigné de leur indifférence, cherchant ce qu'il pourrait dire, ce qu'il pourrait faire pour frapper un grand coup, électriser ce pays placide, remplir sa mission d'initiateur.

Mais une inspiration l'envahit et, se tournant vers Pommel: «Sous-lieutenant, allez chercher le buste de l'ex-empereur qui est dans la salle des délibérations du conseil municipal, et apportez-le avec une chaise.»

Et bientôt l'homme reparut portant sur l'épaule droite le Bonaparte de plâtre, et tenant de la main gauche une chaise de paille.

M. Massarel vint au-devant de lui, prit la chaise, la posa par terre, plaça dessus le buste blanc, puis se reculant de quelques pas, l'interpella d'une voix sonore:

«Tyran, tyran, te voici tombé, tombé dans la boue, tombé dans la fange. La patrie expirante râlait sous ta botte. Le Destin vengeur t'a frappé. La défaite et la honte se sont attachées à toi; tu tombes vaincu, prisonnier du Prussien; et, sur les ruines de ton empire croulant, la jeune et radieuse République se dresse, ramassant ton épée brisée...»

Il attendait des applaudissements. Aucun cri, aucun battement de mains n'éclata. Les paysans effarés se taisaient; et le buste aux moustaches pointues qui dépassaient les joues de chaque côté, le buste immobile et bien peigné comme une enseigne de coiffeur, semblait regarder M. Massarel avec son sourire de plâtre, un sourire ineffaçable et moqueur.

um gehört zu werden, rief er: «Hurra! Hurra! Die Republik siegt auf der ganzen Linie!»

Aber es wollte sich keine Erregung zeigen.

Der Arzt fuhr fort: «Das Volk ist frei, ihr seid frei, unabhängig. Seid stolz darauf!»

Die trägen Dorfleute sahen ihn an, ohne daß ein Funken der Begeisterung in ihre Augen trat.

Er seinerseits, entrüstet über ihre Gleichgültigkeit, betrachtete sie und überlegte, was er wohl sagen könnte, was er tun könnte, um mit einem Schlage dieses beschauliche Dorf zu elektrisieren und seine Aufgabe als Erwecker zu erfüllen.

Da kam ihm ein neuer Gedanke. Er wandte sich an Pommel: «Leutnant, holen Sie die Büste des Exkaisers aus dem Sitzungszimmer des Gemeinderats und bringen Sie auch einen Stuhl mit.»

Bald darauf kam der Mann wieder. Auf der rechten Schulter trug er den gipsernen Bonaparte, in der linken Hand einen Stuhl mit Strohsitz.

Herr Massarel ging ihm entgegen, nahm den Stuhl, setzte ihn auf die Erde, stellte die weiße Büste darauf und redete sie mit rollender Stimme an, nachdem er ein paar Schritte zurückgetreten war:

«Tyrann, Tyrann, du bist gestürzt, in den Schmutz, in den Kot gestürzt. Das sterbende Vaterland hat röchelnd unter deinem Stiefel gelegen. Das rächende Schicksal hat dich geschlagen. Niederlage und Schande sind mit deinem Namen verbunden. Du stürzt als Besiegter, als Gefangener der Preußen, und auf den Trümmern deines zerfallenden Reiches erhebt sich strahlend die junge Republik und hebt deinen zerbrochenen Degen wieder auf...»

Er erwartete Beifall. Aber kein Zuruf, kein Händeklatschen war zu hören. Die verstörten Bauern schwiegen, und die Büste mit ihren spitzen Schnurrbartenden, die auf beiden Seiten über die Wangen ragten, die unbewegliche und wie die Schaufensterpuppe eines Friseurs wohlgekämmte Büste schien Herrn Massarel mit ihrem gipsernen Lächeln, ihrem unauslöschlichen, spöttischen Lächeln anzublicken.

Ils demeuraient ainsi face à face, Napoléon sur sa chaise, le médecin debout, à trois pas de lui. Une colère saisit le commandant. Mais que faire? que faire pour émouvoir ce peuple et gagner définitivement cette victoire de l'opinion?

Sa main, par hasard, se posa sur son ventre, et il rencontra, sous sa ceinture rouge, la crosse de son revolver.

Aucune inspiration, aucune parole ne lui venaient plus. Alors, il tira son arme, fit deux pas et, à bout portant, foudroya l'ancien monarque.

La balle creusa dans le front un petit trou noir, pareil à une tache, presque rien. L'effet était manqué. M. Massarel tira un second coup, qui fit un second trou, puis un troisième, puis, sans s'arrêter, il lâcha les trois derniers. Le front de Napoléon volait en poussière blanche, mais les yeux, le nez et les fines pointes des moustaches restaient intacts.

Alors exaspéré, le docteur renversa la chaise d'un coup de poing et, appuyant un pied sur le reste du buste, dans une posture de triomphateur, il se tourna vers le public abasourdi en vociférant: «Périssent ainsi tous les traîtres!»

Mais comme aucun enthousiasme ne se manifestait encore, comme les spectateurs semblaient stupides d'étonnement, le commandant cria aux hommes de la milice: «Vous pouvez maintenant regagner vos foyers.» Et il se dirigea lui-même à grands pas vers sa maison, comme s'il eût fui.

Sa bonne, dès qu'il parut, lui dit que des malades l'attendaient depuis plus de trois heures dans son cabinet. Il y courut. C'étaient les deux paysans aux varices, revenus dès l'aube, obstinés et patients.

Et le vieux aussitôt reprit son explication: «Ça a commencé par des fourmis qui me couraient censément le long des jambes . . .»

So standen sie sich Auge in Auge gegenüber, Napoleon auf seinem Stuhl, der Arzt aufrecht drei Schritte vor ihm. Der Kommandant wurde wütend. Aber was sollte er tun, um dieses Volk aufzurütteln und endgültig den Sieg über die öffentliche Meinung davonzutragen?

Zufällig legte er die Hand auf den Bauch, und unter der roten Schärpe fühlte er den Griff des Revolvers.

Kein Gedanke, kein zündendes Wort wollte ihm mehr einfallen. Da zog er seine Waffe, ging zwei Schritte vor und schoß aus unmittelbarer Nähe auf den ehemaligen Monarchen.

Die Kugel bohrte ein kleines Loch, einen winzigen Fleck in die Stirn, kaum zu sehen. Die Wirkung war verpufft. Herr Massarel gab einen zweiten Schuß ab, der ein zweites Loch schlug, dann einen dritten, und schließlich die drei übrigen. Napoleons Stirn flog als weißer Staub davon, aber die Augen, die Nase und die dünnen Schnurrbartspitzen blieben unversehrt.

Da warf der Doktor, keuchend vor Wut, den Stuhl mit einem Faustschlag um, stellte in Siegerpose den Fuß auf das, was von der Büste noch übrig war, wandte sich dem verdutzten Publikum zu und schrie: «So sollen alle Verräter umkommen!»

Aber als sich immer noch keine Begeisterung zeigen wollte und die Zuschauer wie starr vor Staunen dastanden, rief der Kommandant den Männern der Miliz zu: «Sie können jetzt heimgehen!» Er selbst eilte mit großen Schritten, so rasch, als fliehe er, seinem Hause zu.

Das Dienstmädchen sagte ihm, sobald er erschien, daß schon seit über drei Stunden Patienten in seinem Sprechzimmer warteten. Er ging hastig hinein. Es waren die beiden Bauersleute mit den Krampfadern, die stur und geduldig bei Tagesanbruch wiedergekommen waren.

Und der Alte begann gleich wieder zu erklären: «Das hat angefangen damit, daß mir direkt Ameisen die Beine raufkrabbelten . . .»

Maître Chicot, l'aubergiste d'Épreville, arrêta son tilbury devant la ferme de la mère Magloire. C'était un grand gaillard de quarante ans, rouge et ventru, et qui passait pour malicieux.

Il attacha son cheval au poteau de la barrière, puis il pénétra dans la cour. Il possédait un bien attenant aux terres de la vieille, qu'il convoitait depuis longtemps. Vingt fois il avait essayé de les acheter, mais la mère Magloire s'y refusait avec obstination.

«J'y sieus née, j'y mourrai», disait-elle.

Il la trouva épluchant des pommes de terre devant sa porte. Agée de soixante-douze ans, elle était sèche, ridée, courbée, mais infatigable comme une jeune fille. Chicot lui tapa dans le dos avec amitié, puis s'assit près d'elle sur un escabeau.

«Eh bien! la mère, et c'te santé, toujours bonne?

– Pas trop mal, et vous, maît' Prosper?

– Eh! eh! quèques douleurs; sans ça, ce s'rait à satisfaction.

– Allons, tant mieux!»

Et elle ne dit plus rien. Chicot la regardait accomplir sa besogne. Ses doigts crochus, noués, durs comme des pattes de crabe, saisissaient à la façon de pinces les tubercules grisâtres dans une manne, et vivement elle les faisait tourner, enlevant de longues bandes de peau sous la lame d'un vieux couteau qu'elle tenait de l'autre main. Et, quand la pomme de terre était devenue toute jaune, elle la jetait dans un seau d'eau. Trois poules hardies s'en venaient l'une après l'autre jusque dans ses jupes ramasser les épluchures, puis se sauvaient à toutes pattes, portant au bec leur butin.

Chicot semblait gêné, hésitant, anxieux, avec quelque chose sur la langue qui ne voulait pas sortir. A la fin, il se décida:

Das Fäßchen

Meister Chicot, der Gastwirt von Épreville, brachte seinen leichten Einspänner vor dem Bauernhaus von Mutter Magloire zum Stehen. Er war ein kräftiges Mannsbild von vierzig Jahren, rot und dickbäuchig, und galt als hinterhältig.

Er band sein Pferd am Torpfosten an; dann betrat er den Hof. Er hatte einen Besitz, der an das Land der Alten grenzte, auf das er schon lange scharf war. Zwanzigmal hatte er es zu kaufen versucht, doch Mutter Magloire weigerte sich hartnäckig.

«Hier bin ich geboren, hier will ich sterben», sagte sie.

Er fand sie beim Kartoffelschälen vor der Tür. Zweiundsiebzig Jahre war sie alt, dürr, runzlig, gebeugt, aber unermüdlich wie eine Junge. Chicot klopfte ihr auf den Rücken, unter Freunden, dann setzte er sich neben sie auf einen Schemel.

«Na, Mutter Magloire, und die Gesundheit? Immer noch gut?»

«Nicht so schlecht, und Sie, Meister Prosper?»

«Ach ja, ein paar Schmerzen, aber sonst darf man zufrieden sein.»

«Schön, um so besser!»

Und mehr sagte sie nicht. Chicot sah ihr zu, wie sie ihre Arbeit tat. Ihre verkrümmten, knotigen Finger, hart wie Krebsscheren, holten zangengleich die stumpfgrauen Knollen aus einem groben Weidekorb, und flink versetzte sie sie in Drehung, wobei sie unter der Klinge eines alten Messers, das sie in der anderen Hand hielt, in langen Streifen die Schale entfernte. War die Kartoffel ganz gelb geworden, warf sie sie in einen Eimer mit Wasser.

Drei kecke Hennen drangen bis unter ihre Röcke vor, um die Schalen aufzupicken, und liefen dann, so rasch die Füße sie trugen, mit der Beute im Schnabel davon.

Chicot wirkte bedrückt, zaudernd, ängstlich; offenbar lag ihm etwas auf der Zunge, das nicht heraus wollte. Endlich entschloß er sich:

«Dites donc, mère Magloire...

– Qué qu'i a pour votre service?

– C'te ferme, vous n'voulez toujours point m'la vendre?

– Pour ça, non. N'y comptez point. C'est dit, c'est dit, n'y r'venez pas.

– C'est qu'j'ai trouvé un arrangement qui f'rait notre affaire à tous les deux.

– Qué qu'c'est?

– Le v'là. Vous m'la vendez, et pi vous la gardez tout d' même. Vous n'y êtes point? Suivez ma raison.»

La vieille cessa d'éplucher ses légumes et fixa sur l'aubergiste ses yeux vifs sous leurs paupières fripées.

Il reprit:

«Je m'explique. J'vous donne, chaque mois cent cinquante francs. Vous entendez bien: chaque mois j' vous apporte ici, avec mon tilbury, trente écus de cent sous. Et pi n'y a rien de changé de plus, rien de rien; vous restez chez vous, vous n'vous occupez point de mé, vous n' me d'vez rien. Vous n' faites que prendre mon argent. Ça vous va-t-il?»

Il la regardait d'un air joyeux, d'un air de bonne humeur.

La vieille le considérait avec méfiance, cherchant le piège. Elle demanda:

«Ça, c'est pour mé; mais pour vous, c'te ferme, ça n' vous la donne point?»

Il reprit:

«N' vous tracassez point de ça. Vous restez tant que l' bon Dieu vous laissera vivre. Vous êtes chez vous. Seulement vous m'ferez un p'tit papier chez l' notaire pour qu'après vous ça me revienne. Vous n'avez point d'éfants, rien qu' des neveux que vous n'y tenez guère. Ça vous va-t-il? Vous gardez votre
126 bien votre vie durant, et j' vous donne trente écus
127 de cent sous par mois. C'est tout gain pour vous.»

«Sagen Sie, Mutter Magloire...»

«Was steht zu Diensten?»

«Ihr Hof, wollen Sie mir den immer noch nicht verkaufen?»

«Das, nein, das nicht. Darauf rechnen Sie nicht. Gesagt ist gesagt, versuchen Sie es nicht immer wieder.»

«Ich bin da nämlich auf eine Abmachung gekommen, die uns beiden nützen würde.»

«Und was wär das?»

«Passen Sie auf. Sie verkaufen ihn mir, und dann behalten Sie ihn trotzdem. Das verstehen Sie nicht? Hören Sie zu, wie ich mir das gedacht hab.»

Die Alte hielt inne mit ihrem Gemüseputzen und heftete ihre unter den verknitterten Lidern lebhaft blickenden Augen auf den Gastwirt.

Er fuhr fort:

«Ich will es Ihnen erklären. Ich gebe Ihnen jeden Monat hundertfünfzig Franken. Sie hören recht: Monat für Monat bringe ich Ihnen mit meinem Einspänner hierher dreißig Fünffrankenstücke. Und sonst ändert sich nichts. Sie bleiben in Ihrem Haus, Sie kümmern sich gar nicht um mich, Sie sind mir nichts schuldig. Sie tun nichts als mein Geld nehmen. Paßt Ihnen das?»

Er sah sie mit einer strahlenden und wohlgelaunten Miene an.

Die Alte musterte ihn mit Mißtrauen, weil sie die Falle suchte. Sie fragte:

«Das ist für mich, aber für Sie, das bringt Ihnen doch noch nicht den Hof?»

Er begann wieder:

«Darüber machen Sie sich keine Gedanken. Sie bleiben, solange der liebe Gott Sie leben läßt. Sie sind in Ihrem Haus. Sie machen mir nur ein kleines Papier beim Notar, damit es hinterher an mich fällt. Sie haben keine Kinder, nur Neffen, an denen Ihnen nicht besonders viel liegt. Ist Ihnen das recht? Sie behalten Ihren Besitz auf Lebenszeit, und ich gebe Ihnen dreißig Fünffrankenstücke pro Monat. Das ist reiner Gewinn für Sie.»

La vieille demeurait surprise, inquiète, mais tentée. Elle répliqua :

«Je n' dis point non. Seulement, j' veux m' faire une raison là-dessus. Rev'nez causer d' ça dans l' courant d' l'autre semaine. J' vous f'rai une réponse d' mon idée.»

Et maître Chicot s'en alla, content comme un roi qui vient de conquérir un empire.

La mère Magloire demeura songeuse. Elle ne dormit pas la nuit suivante. Pendant quatre jours, elle eut une fièvre d'hésitation. Elle flairait bien quelque chose de mauvais pour elle là dedans, mais la pensée des trente écus par mois, de ce bel argent sonnant qui s'en viendrait couler dans son tablier, qui lui tomberait comme ça du ciel, sans rien faire, la ravageait de désir.

Alors elle alla trouver le notaire et lui conta son cas. Il lui conseilla d'accepter la proposition de Chicot, mais en demandant cinquante écus de cent sous au lieu de trente, sa ferme valant au bas mot soixante mille francs.

«Si vous vivez quinze ans, disait le notaire, il ne la payera encore, de cette façon, que quarante-cinq mille francs.»

La vieille frémit à cette perspective de cinquante écus de cent sous par mois ; mais elle se méfiait toujours, craignant mille choses imprévues, des ruses cachées, et elle demeura jusqu'au soir à poser des questions, ne pouvant se décider à partir. Enfin elle ordonna de préparer l'acte, et elle rentra troublée comme si elle eût bu quatre pots de cidre nouveau.

Quand Chicot vint pour savoir la réponse, elle se fit longtemps prier, déclarant qu'elle ne voulait pas, mais rongée par la peur qu'il ne consentît point à donner les cinquante pièces de cent sous. Enfin,
128 comme il insistait, elle énonça ses prétentions.

129 Il eut un sursaut de désappointement et refusa.

Die Alte war immer noch verwirrt und beunruhigt, aber verlockt. Sie erwiderte:

«Ich sag nicht nein. Nur, ich will mir das überlegen. Kommen Sie im Laufe der nächsten Woche wieder, wir sprechen dann drüber. Sie bekommen meine Antwort, was ich davon halte.»

Meister Chicot ging fort, zufrieden wie ein König, der eben ein Weltreich erobert hat.

Mutter Magloire blieb nachdenklich. In der folgenden Nacht schlief sie nicht. Vier Tage lang war sie fiebrig vor unschlüssigem Hin und Her. Sie witterte etwas Schlechtes für sich an der Sache; aber beim Gedanken an die dreißig Silbermünzen pro Monat, dieses schöne klingende Geld, das da in ihre Schürze rauschen würde, einfach so vom Himmel herunter, ohne daß sie etwas dafür tat, verzehrte sie sich vor Gier.

Schließlich suchte sie den Notar auf und erzählte ihm ihren Fall. Er gab ihr den Rat, das Angebot Chicots anzunehmen, aber fünfzig Fünffrankenstücke zu verlangen statt dreißig, weil ihr Hof niedrig gerechnet sechzigtausend Franken wert sei.

«Wenn Sie noch fünfzehn Jahre leben», sagte der Notar, «bezahlt er selbst dann nur fünfundvierzigtausend Franken dafür.»

Die Alte erbebte bei der Aussicht auf fünfzig Fünffrankenstücke pro Monat, aber sie war immer noch mißtrauisch, fürchtete tausend Unvorhersehbarkeiten, verborgene Schliche. Sie blieb bis zum Abend und stellte irgendwelche Fragen und konnte sich nicht zum Gehen entschließen. Endlich gab sie den Auftrag, die Urkunde vorzubereiten, und ging so aufgeregt nach Hause, als hätte sie vier Krüge jungen Apfelwein getrunken.

Als Chicot kam, um die Antwort zu holen, ließ sie sich lange nötigen, erklärte, sie wolle nicht, war aber nur von der Furcht geplagt, er werde nicht bereit sein, die fünfzig Fünffrankenstücke zu geben. Schließlich, als er nicht locker ließ, rückte sie mit ihrer Forderung heraus.

Die Enttäuschung überwältigte ihn so, daß er ablehnte.

Alors, pour le convaincre, elle se mit à raisonner sur la durée probable de sa vie.

«Je n'en ai pas pour pu de cinq à six ans pour sûr. Me v'là sur mes soixante-treize, et pas vaillante avec ça. L'aut'e soir, je crûmes que j'allais passer. Il me semblait qu'on me vidait l'corps, qu'il a fallu me porter à mon lit.»

Mais Chicot ne se laissait pas prendre.

«Allons, allons, vieille pratique, vous êtes solide comme l' clocher d' l'église. Vous vivrez pour le moins cent dix ans. C'est vous qui m'enterrerez, pour sûr.»

Tout le jour fut encore perdu en discussions. Mais, comme la vieille ne céda pas, l'aubergiste, à la fin, consentit à donner les cinquante écus.

Ils signèrent l'acte le lendemain. Et la mère Magloire exigea dix écus de pots-de-vin.

Trois ans s'écoulèrent. La bonne femme se portait comme un charme. Elle paraissait n'avoir pas vieilli d'un jour, et Chicot se désespérait. Il lui semblait, à lui, qu'il payait cette rente depuis un demi-siècle, qu'il était trompé, floué, ruiné. Il allait de temps en temps rendre visite à la fermière, comme on va voir, en juillet, dans les champs, si les blés sont mûrs pour la faux. Elle le recevait avec une malice dans le regard. On eût dit qu'elle se félicitait du bon tour qu'elle lui avait joué; et il remontait bien vite dans son tilbury en murmurant:

«Tu ne crèveras donc point, carcasse!»

Il ne savait que faire. Il eût voulu l'étrangler en la voyant. Il la haïssait d'une haine féroce, sournoise, d'une haine de paysan volé.

Alors il chercha des moyens.

Un jour enfin, il s'en vint la voir en se frottant les mains, comme il faisait la première fois lorsqu'il
130 lui avait proposé le marché.
131 Et après avoir causé quelques minutes:

Jetzt bemühte sie sich, ihn umzustimmen, argumentierte mit ihrer Lebenserwartung.

«Mir bleiben bestimmt nicht mehr als fünf, sechs Jahre. Jetzt geh ich schon ins dreiundsiebzigste, und dabei bin ich gar nicht rüstig. Neulich abend hab ich gedacht, es ist aus mit mir. Es kam mir vor, alle Kraft wird mir aus dem Körper gezogen. Sie mußten mich aufs Bett tragen.»

Doch Chicot ließ sich nicht auf den Leim führen.

«Ach, gehen Sie mir doch, alte Schlaubergerin, Sie sind so stark wie unser Kirchturm. Sie werden mindestens hundertzehn Jahre alt. Sie beerdigen mich noch, das ist mal sicher.»

Der ganze Tag ging noch mit Wortwechseln hin. Doch weil die Alte nicht nachgab, fand sich der Gastwirt am Ende bereit, die fünfzig Geldstücke zu zahlen.

Am andern Tage wurde die Urkunde unterschrieben. Und Mutter Magloire verlangte zehn Fünffrankenstücke Abschlußgeld.

Drei Jahre vergingen. Die gute Frau erfreute sich ausgezeichneter Gesundheit. Sie schien nicht um einen Tag gealtert, und Chicot verzweifelte. Ihm kam es so vor, als zahle er die Rente seit einem halben Jahrhundert, als sei er betrogen, hereingelegt, ruiniert worden. Von Zeit zu Zeit besuchte er die Bauersfrau, so wie man im Juli nach den Feldern schaut, ob das Korn reif ist für die Sense. Sie empfing ihn mit verstohlener Tücke im Blick. Man hätte meinen können, sie beglückwünsche sich zu dem Streich, den sie ihm gespielt hatte. Er stieg sehr bald wieder in seinen Einspänner und murmelte:

«Du willst wohl gar nicht verrecken, du Aas!»

Er wußte nicht, was er tun sollte. Am liebsten hätte er sie erwürgt, wenn er sie sah. Er haßte sie mit wildem, dumpfem Haß, mit dem Haß eines Bauern, den man bestohlen hat.

Deshalb sann er auf Mittel und Wege.

Und so stattete er ihr eines Tages einen Besuch ab, ebenso händereibend wie beim erstenmal, als er ihr das Geschäft vorgeschlagen hatte.

Nach ein paar verplauderten Minuten meinte er:

«Dites donc, la mère, pourquoi que vous ne v'nez point dîner à la maison, quand vous passez à Épreville? On en jase; on dit comme ça que j' sommes pu amis, et ça me fait deuil. Vous savez, chez mé, vous ne payerez point. J' suis pas regardant à un dîner. Tant que le cœur vous en dira, v'nez sans retenue, ça m' fera plaisir.»

La mère Magloire ne se le fit point répéter, et le surlendemain, comme elle allait au marché dans sa carriole conduite par son valet Célestin, elle mit sans gêne son cheval à l'écurie chez maître Chicot, et réclama le dîner promis.

L'aubergiste radieux, la traita comme une dame, lui servit du poulet, du boudin, de l'andouille, du gigot et du lard aux choux. Mais elle ne mangea presque rien , sobre depuis son enfance, ayant toujours vécu d'un peu de soupe et d'une croûte de pain beurré.

Chicot insistait, désappointé. Elle ne buvait pas non plus. Elle refusa de prendre du café.

Il demanda:

«Vous accepterez toujours un p'tit verre.

– Ah! pour ça, oui. Je ne dis pas non.»

Et il cria de tous ses poumons, à travers l'auberge:

«Rosalie, apporte la fine, la surfine, le fil-en-dix.»

Et la servante apparut, tenant une longue bouteille ornée d'une feuille de vigne en papier.

Il emplit deux petits verres.

«Goûtez ça, la mère, c'est de la fameuse.»

Et la bonne femme se mit à boire tout doucement, à petites gorgées, faisant durer le plaisir. Quand elle eut vidé son verre, elle l'égoutta, puis déclara:

«Ça oui, c'est de la fine.»

132 Elle n'avait point fini de parler que Chicot lui en
133 versait un second coup. Elle voulut refuser, mais

«Sagen Sie, Mutter Magloire, warum kehren Sie eigentlich nicht zum Essen bei mir ein, wenn Sie nach Épreville kommen? Die Leute reden; sie sagen, wir sind nicht mehr gut Freund, und das macht mir Kummer. Sie wissen doch, bei mir zahlen Sie nichts, auf ein Essen kommt es mir nicht an. So oft Sie Lust haben, kommen Sie, genieren Sie sich nicht, es wird mir eine Freude sein.»

Mutter Magloire ließ sich das nicht zweimal sagen, und als sie am übernächsten Tag in ihrem Fuhrwerk, das ihr Knecht Célestin lenkte, zum Markt fuhr, stellte sie das Pferd ohne Scham in Meister Chicots Stall unter und verlangte das versprochene Essen.

Der freudestrahlende Wirt behandelte sie wie eine Dame; er tischte Brathuhn, Blutwurst, Kuttelwurst, Hammelkeule und Speck mit Kohl auf.

Doch sie aß fast nichts, weil sie, von Kindheit an nicht verwöhnt, immer von ein wenig Suppe und einem Kanten Butterbrot gelebt hatte.

Der enttäuschte Chicot redete ihr zu. Sie trank auch nicht. Sie weigerte sich, einen Kaffee zu nehmen.

Er fragte:

«Aber ein Gläschen schlagen Sie mir doch nicht ab?»

«Also das gern. Da sag ich nicht nein.»

Er rief aus voller Lunge durch das Wirtshaus:

«Rosalie, bring den Cognac, den ganz echten, den extra guten.»

Das Mädchen erschien mit einer schlanken Flasche, die mit einem Weinblatt aus Papier geschmückt war.

Chicot füllte zwei kleine Gläser.

«Kosten Sie das, Mutter Magloire, das ist was ganz Feines.»

Und die gute Frau begann zu trinken, ganz langsam, Schlückchen für Schlückchen, damit das Vergnügen länger dauerte. Als sie ihr Glas geleert hatte, ließ sie den letzten Tropfen herauslaufen und erklärte dann:

«Ja, also das ist ein echter.»

Sie hatte das noch nicht zu Ende gesprochen, da schenkte Chicot ihr schon nach. Sie wollte ablehnen, doch es

il était trop tard, et elle le dégusta longuement, comme le premier.

Il voulut alors lui faire accepter une troisième tournée, mais elle résista. Il insistait:

«Ça, c'est du lait, voyez-vous; mé, j'en bois dix, douze sans embarras. Ça passe comme du sucre. Rien au ventre, rien à la tête; on dirait que ça s'évapore sur la langue. Y a rien de meilleur pour la santé!»

Comme elle en avait bien envie, elle céda, mais elle n'en prit que la moitié du verre.

Alors Chicot, dans un élan de générosité, s'écria:

«T'nez, puisqu'elle vous plaît, j' vas vous en donner un p'tit fût, histoire de vous montrer que j' sommes toujours une paire d'amis.»

La bonne femme ne dit pas non et s'en alla, un peu grise.

Le lendemain, l'aubergiste entra dans la cour de la mère Magloire, puis tira du fond de sa voiture une petite barrique cerclée de fer. Puis il voulut lui faire goûter le contenu, pour prouver que c'était bien la même fine; et, quand ils eurent encore bu chacun trois verres, il déclara, en s'en allant:

«Et puis, vous savez, quand n'y en aura pu, y en a encore; n' vous gênez point. Je n'suis pas regardant. Pu tôt que ce sera fini, pu que je serai content.»

Et il remonta dans son tilbury.

Il revint quatre jours plus tard. La vieille était devant sa porte, occupée à couper le pain de la soupe.

Il s'approcha, lui dit bonjour, lui parla dans le nez, histoire de sentir son haleine. Et il reconnut un souffle d'alcool. Alors son visage s'éclaira.

«Vous m'offrirez bien un verre de fil?» dit-il.

Et ils trinquèrent deux ou trois fois.

Mais bientôt le bruit courait dans la contrée que

la mère Magloire s'ivrognait toute seule. On la ra-

war bereits zu spät, und sie genoß das Glas so langsam wie das erste.

Darauf wollte er ihr eine dritte Runde aufdrängen, aber sie blieb standhaft. Er beharrte auf seinem Angebot:

«Ach, hören Sie, das ist wirklich die reinste Milch; ich trinke zehn, zwölf davon ohne Folgen. Das vergeht wie Zucker. Nichts im Bauch, nichts im Kopf, man könnte meinen, es verdunstet auf der Zunge. Es gibt nichts Besseres für die Gesundheit!»

Weil sie eben doch Lust darauf hatte, gab sie nach, nahm aber nur ein halbes Glas an.

Darauf rief Chicot in einem Anfall von Freigebigkeit aus:

«Also, da er Ihnen schmeckt, schenke ich Ihnen ein Fäßchen davon, damit Sie sehen, daß wir nach wie vor Freunde sind.»

Die gute Frau sagte nicht nein und ging leicht angeheitert fort.

Am Tag darauf fuhr der Gastwirt in den Hof bei Mutter Magloire und zog aus den Tiefen seines Wagens ein kleines, mit Eisenbändern beschlagenes Faß. Dann bestand er darauf, sie solle den Inhalt kosten, um ihr zu beweisen, daß es wirklich der gleiche Cognac sei, und als sie jeder weitere drei Gläser getrunken hatten, erklärte er im Weggehen:

«Und dann, Sie wissen ja, wenn nichts mehr da ist, ist immer noch was da; genieren Sie sich nicht, ich bin nicht kleinlich. Je früher Sie damit zu Ende sind, um so mehr freut es mich.»

Damit bestieg er seinen Einspänner.

Vier Tage später kam er wieder. Die Alte war vor ihrer Haustür damit beschäftigt, Brotstücke für die Suppe zu schneiden.

Er ging zu ihr, sagte ihr guten Tag, sprach ihr dicht vorm Gesicht, um ihrem Atem zu riechen. Er nahm einen Alkoholhauch wahr. Da erhellte sich seine Miene.

«Sie bieten mir doch ein Gläschen Guten an», sagte er.

Und sie stießen zwei- oder dreimal an.

Schon wenig später ging in der Gegend das Gerücht, Mutter Magloire betrinke sich ganz allein. Bald las man sie in

massait tantôt dans sa cuisine, tantôt dans sa cour, tantôt dans les chemins des environs, et il fallait la rapporter chez elle, inerte comme un cadavre.

Chicot n'allait plus chez elle, et, quand on lui parlait de la paysanne, il murmurait avec un visage triste:

«C'est-il pas malheureux, à son âge, d'avoir pris c't'habitude-là? Voyez-vous, quand on est vieux, y a pas de ressource. Ça finira bien par lui jouer un mauvais tour!»

Ça lui joua un mauvais tour, en effet. Elle mourut l'hiver suivant, vers la Noël, étant tombée, soûle, dans la neige.

Et maître Chicot herita de la ferme, en déclarant:

«C'te manante, si elle s'était point boissonnée, elle en avait bien pour dix ans de plus.»

ihrer Küche, bald im Hof, bald von den Wegen der Umgebung auf und mußte sie leblos wie eine Leiche nach Hause tragen.

Chicot ging nun nicht mehr zu ihr hin, und wenn man die Bauersfrau vor ihm erwähnte, sagte er leise mit Trauermiene:

«Ist es nicht ein Jammer, sich in ihrem Alter noch so dran zu gewöhnen? Aber da sieht man's, wenn man alt ist, gibt es keine Rettung. Das wird ihr irgendwann einen bösen Streich spielen.»

Und wirklich, es spielte ihr einen bösen Streich. Sie starb im folgenden Winter um die Weihnachtszeit, weil sie betrunken in den Schnee gefallen war.

Und Meister Chicot bekam den Hof, wozu er erklärte:

«Die alte Närrin, wenn sie sich nicht besäuselt hätte, hätte sie gut und gerne noch zehn Jahre vor sich gehabt.»

Le Baptême

Devant la porte de la ferme, les hommes endimanchés attendaient. Le soleil de mai versait sa claire lumière sur les pommiers épanouis, ronds comme d'immenses bouquets blancs, roses et parfumés, et qui mettaient sur la cour entière un toit de fleurs. Ils semaient sans cesse autour d'eux une neige de pétales menus, qui voltigeaient et tournoyaient en tombant dans l'herbe haute, où les pissenlits brillaient comme des flammes, où les coquelicots semblaient des gouttes de sang.

Une truie somnolait sur le bord du fumier, le ventre énorme, les mamelles gonflées, tandis qu'une troupe de petits porcs tournaient autour, avec leur queue roulée comme une corde.

Tout à coup, là-bas, derrière les arbres des fermes, la cloche de l'église tinta. Sa voix de fer jetait dans le ciel joyeux son appel faible et lointain. Des hirondelles filaient comme des flèches à travers l'espace bleu qu'enfermaient les grands hêtres immobiles. Une odeur d'étable passait parfois, mêlée au souffle doux et sucré des pommiers.

Un des hommes debout devant la porte se tourna vers la maison et cria:

– Alons, allons, Mélina, v'là que ça sonne!

Il avait peut-être trente ans. C'était un grand paysan, que les longs travaux des champs n'avaient point encore courbé ni déformé. Un vieux, son père, noueux comme un tronc de chêne, avec des poignets bossués et des jambes torses, déclara:

– Les femmes, c'est jamais prêt, d'abord.

Les deux autres fils du vieux se mirent à rire, et l'un, se tournant vers le frère aîné, qui avait appelé le premier, lui dit:

– Va les quérir, Polyte. All' viendront point
138 avant midi.

139 Et le jeune homme entra dans sa demeure.

Die Taufe

Vor dem Tor des Bauernhofes warteten die Männer im Sonntagsstaat. Die Maisonne goß ihr helles Licht auf die blühenden Apfelbäume, die wie riesige kugelige, rosaweiße, duftende Blumensträuße aussahen und über den ganzen Hof ein Blütendach breiteten.

Unaufhörlich ließen sie einen Schnee von kleinen Blütenblättern herabrieseln, die sich in der Luft wiegten und in das hohe Gras sanken, wo der Löwenzahn flammend leuchtete und die Mohnblumen wie Blutstropfen glühten.

Eine Sau mit unförmigem Bauch und geschwellten Zitzen lag vor dem Misthaufen, und um sie herum wimmelte eine Schar von Ferkeln, deren Schwänzchen sich wie Bindfäden ringelten.

Plötzlich erklang hinter den Bäumen der Bauernhöfe die Glocke der Kirche. Die metallene Stimme warf ihren schwachen, fernen Ruf in den jauchzenden Himmel. Schwalben schossen wie Pfeile durch den blauen Raum zwischen den großen, stillen Buchen. Von Zeit zu Zeit wehte ein Geruch nach Stall vorbei, vermischt mit dem milden, zuckersüßen Hauch der Apfelbäume.

Einer von den Männern, die da vor der Tür standen, wandte sich zum Haus und rief:

«Los, komm schon, Mélina, es läutet schon!»

Er mochte dreißig Jahre alt sein. Ein großer Bauer, den die unablässige Feldarbeit noch nicht gebeugt und entstellt hatte. Ein alter Mann, sein Vater, knorrig wie ein Eichenstamm, mit knotigen Handgelenken und krummen Beinen, erklärte:

«Die Frauen, die sind überhaupt nie fertig.»

Die beiden anderen Söhne des Alten begannen zu lachen; einer von ihnen sagte, indem er sich dem Ältesten zuwandte, der als erster gerufen hatte:

«Hol sie doch, Polyte. Vor Mittag kommen die sonst nicht.»

Und der junge Mann ging in seine Behausung.

Une bande de canards arrêtée près des paysans se mit à crier en battant des ailes; puis ils partirent vers la mare de leur pas lent et balancé.

Alors, sur la porte demeurée ouverte, une grosse femme parut qui portait un enfant de deux mois. Les brides blanches de son haut bonnet lui pendaient sur le dos, retombant sur un châle rouge, éclatant comme un incendie, et le moutard, enveloppé de linges blancs, reposait sur le ventre en bosse de la garde.

Puis la mère, grande et forte, sortit à son tour, à peine âgée de dix-huit ans, fraîche et souriante, tenant le bras de son homme. Et les deux grand'mères vinrent ensuite, fanées ainsi que de vieilles pommes, avec une fatigue évidente dans leurs reins forcés, tournés depuis longtemps par les patientes et rudes besognes. Une d'elles était veuve; elle prit le bras du grand-père, demeuré devant la porte, et ils partirent en tête du cortège, derrière l'enfant et la sage-femme. Et le reste de la famille se mit en route à la suite. Les plus jeunes portaient des sacs de papier pleins de dragées.

Là-bas, la petite cloche sonnait sans repos, appelant de toute sa force le frêle marmot attendu. Des gamins montaient sur les fossés; des gens apparaissaient aux barrières; des filles de ferme restaient debout entre deux seaux pleins de lait qu'elles posaient à terre pour regarder le baptême.

Et la garde, triomphante, portait son fardeau vivant, évitait les flaques d'eau dans les chemins creux, entre les talus plantés d'arbres. Et les vieux venaient avec cérémonie, marchant un peu de travers, vu l'âge et les douleurs; et les jeunes avaient envie de danser, et ils regardaient les filles qui venaient les voir passer; et le père et la mère allaient
140 gravement, plus sérieux, suivant cet enfant qui les
141 remplacerait, plus tard, dans la vie, qui continuerait

Ein Schwarm von Enten, die sich bei den Bauern niedergelassen hatten, begann zu schnattern und mit den Flügeln zu schlagen; dann zogen sie in ihrem langsamen Watschelschritt zum Teich.

Da erschien in der offen gebliebenen Tür eine kräftige Frau, die ein Kind von zwei Monaten hielt. Die weißen Bänder ihrer hohen Haube hingen ihr auf den Rücken und fielen über ein rotes Umschlagtuch, das grell leuchtete wie eine Feuersbrunst. Der kleine Knirps in seinen weißen Tüchern ruhte auf dem runden Bauch der Wärterin.

Dann kam am Arme ihres Mannes auch die Mutter heraus, groß und stark, kaum achtzehn Jahre alt, frisch und strahlend. Es folgten, welk wie alte Äpfel, die beiden Großmütter, deren sichtlich müde Rücken von der geduldig getanen schweren Arbeit seit langem gebeugt und gekrümmt waren.

Eine von ihnen war Witwe; sie nahm den Arm des Großvaters, der vor der Tür stehengeblieben war, und dieses Paar bildete hinter dem Kind und der Hebamme den Anfang des Zuges; der Rest der Familie machte sich nach ihnen auf den Weg. Die Jüngsten trugen Papiertüten mit Zuckermandeln.

In der Ferne läutete unverdrossen die kleine Glocke und rief mit all ihrer Kraft den schwachen Erdenwurm, auf den sie wartete. Die Dorfjungen stiegen auf die Grabenränder, die Leute erschienen an den Zäunen, die Mägde auf dem Hofe blieben stehen zwischen ihren beiden gefüllten Milcheimern, die sie abstellten, um dem Taufzuge zuzuschauen.

Die Wärterin trug triumphierend ihr lebendiges Bündel und wich sorgsam den Pfützen in den Hohlwegen zwischen den baumbestandenen Böschungen aus. Die Alten schritten feierlich hinterher, ein bißchen wackelig wegen ihrer Jahre und ihrer Beschwerden; die Jungen hatten Lust zu tanzen und musterten die Mädchen, die ihnen zuschauten; der Vater und die Mutter folgten ernst und gesammelt diesem Kind, das einmal ihren Platz im Leben einnehmen und

dans le pays leur nom, le nom des Dentu, bien connu par le canton.

Ils débouchèrent dans la plaine et prirent à travers les champs pour éviter le long détour de la route.

On apercevait l'église maintenant, avec son clocher pointu. Une ouverture le traversait juste audessous du toit d'ardoises; et quelque chose remuait là dedans, allant et venant d'un mouvement vif, passant et repassant derrière l'étroite fenêtre. C'était la cloche qui sonnait toujours, criant au nouveau-né de venir, pour la première fois, dans la maison du Bon Dieu.

Un chien s'était mis à suivre. On lui jetait des dragées, il gambadait autour des gens.

La porte de l'église était ouverte. Le prêtre, un grand garçon à cheveux rouges, maigre et fort, un Dentu aussi, lui, oncle du petit, encore un frère du père, attendait devant l'autel. Et il baptisa suivant les rites son neveu Prosper-César, qui se mit à pleurer en goûtant le sel symbolique.

Quand la cérémonie fut achevée, la famille demeura sur le seuil pendant que l'abbé quittait son surplis; puis on se remit en route. On allait vite maintenant, car on pensait au dîner. Toute la marmaille du pays suivait, et, chaque fois qu'on lui jetait une poignée de bonbons, c'était une mêlée furieuse, des luttes corps à corps, des cheveux arrachés; et le chien aussi se jetait dans le tas pour ramasser les sucreries, tiré par la queue, par les oreilles, par les pattes, mais plus obstiné que les gamins.

La garde, un peu lasse, dit à l'abbé, qui marchait auprès d'elle:

– Dites donc, m'sieu le curé, si ça ne vous opposait pas de m'tenir un brin vot' neveu pendant que je m'dégourdirai. J'ai quasiment une crampe dans
142 les estomacs.
143 Le prêtre prit l'enfant, dont la robe blanche fai-

ihren Namen in der Gegend weitertragen würde, den im ganzen Bezirk wohlbekannten Namen Dentu.

Sie erreichten nun das offene Land und gingen querfeldein, um den langen Umweg, den die Straße machte, zu sparen.

Jetzt sah man auch schon die Kirche mit ihrem spitzen Turm. Unmittelbar unter dem Schieferdach war eine Öffnung, in der sich etwas bewegte. Es schwang eifrig hin und her, vorwärts und wieder zurück hinter dem schmalen Fensterchen. Es war die Glocke, die unablässig läutete und dem Neugeborenen zurief, zum ersten Mal in das Haus Gottes zu kommen.

Ein Hund hatte sich ihnen angeschlossen. Sie warfen ihm Zuckermandeln zu, und er sprang um die Leute herum.

Die Kirchentür war offen. Der Priester, ein großer, rothaariger junger Mann, schlank und kräftig, auch er ein Dentu, ein Onkel des Kleinen, ein weiterer Bruder des Vaters, wartete vor dem Altar. Und er taufte nach dem Ritus seinen Neffen Prosper-César, der, als er das symbolische Salz schmeckte, zu weinen anfing.

Als die Zeremonie zu Ende war, wartete die Familie auf der Schwelle, während der Priester das Chorhemd auszog; dann machte man sich auf den Rückweg. Jetzt ging man schnell, denn man dachte ans Essen.

Das ganze junge Volk des Dorfes lief hinterher, und jedesmal, wenn man ihnen eine Handvoll Bonbons zuwarf, gab es ein wildes Getümmel, einen Kampf, Körper an Körper, und ausgerissene Haare. Auch der Hund stürzte sich in den Haufen, und obwohl man ihn am Schwanz, an den Ohren und an den Pfoten zog, war er hartnäckiger als die Kinder.

Die Wärterin, ein wenig müde, sagte zum Priester, der neben ihr ging:

«Hören Sie, Herr Pfarrer, wenn's Ihnen nichts ausmacht, halten Sie doch mal 'n Augenblick Ihren Neffen, damit ich mich mal strecken kann. Ich hab sowas wie einen Krampf im Magen.»

Der Priester nahm das Kind, dessen weißes Kleidchen sich

sait une grande tache éclatante sur la soutane noire, et il l'embrassa, gêné par ce léger fardeau, ne sachant comment le tenir, comment le poser. Tout le monde se mit à rire. Une des grand'mères demanda de loin:

– Ça ne t'fait-il point deuil, dis, l'abbé, qu'tu n'en auras jamais de comme ça?

Le prêtre ne répondit pas. Il allait à grandes enjambées, regardant fixement le moutard aux yeux bleus, dont il avait envie d'embrasser encore les joues rondes. Il n'y tint plus, et, le levant jusqu'à son visage, il le baisa longuement.

Le père cria:

– Dis donc, curé, si t'en veux un, t'as qu'à le dire.

Et on se mit à plaisanter, comme plaisantent les gens des champs.

Dès qu'on fut assis à table, la lourde gaieté campagnarde éclata comme une tempête. Les deux autres fils allaient aussi se marier; leurs fiancées étaient là, arrivées seulement pour le repas; et les invités ne cessaient de lancer des allusions à toutes les générations futures que promettaient ces unions.

C'étaient des gros mots, fortement salés, qui faisaient ricaner les filles rougissantes et se tordre les hommes. Ils tapaient du poing sur la table, poussaient des cris. Le père et le grand-père ne tarissaient point en propos polissons. La mère souriait; les vieilles prenaient leur part de joie et lançaient aussi des gaillardises.

Le curé, habitué à ces débauches paysannes, restait tranquille, assis à côté de la garde, agaçant du doigt la petite bouche de son neveu pour le faire rire. Il semblait surpris par la vue de cet enfant, comme s'il n'en avait jamais aperçu. Il le considérait avec une attention réfléchie, avec une gravité
144 songeuse, avec une tendresse éveillée au fond de
145 lui, une tendresse inconnue, singulière, vive et un

wie ein großer heller Fleck von seiner schwarzen Soutane abhob, und küßte es, verlegen gemacht durch dieses leichte Bündel, von dem er nicht wußte, wie er es halten und wie er es ablegen sollte. Alles fing an zu lachen. Eine der Großmütter fragte von weitem:

«Sag mal, Pfarrer, tut dir das gar nicht leid, daß du sowas nie haben wirst?»

Der Priester antwortete nicht. Er ging mit großen Schritten und blickte starr auf den kleinen blauäugigen Knirps, den er am liebsten noch einmal auf die runden Bäckchen geküßt hätte. Endlich hielt er es nicht mehr aus, hob ihn an sein Gesicht und gab ihm einen langen Kuß.

Der Vater rief:

«Hör mal, Pfarrer, wenn du einen haben willst, brauchst du's nur zu sagen!»

Und man begann, Witze zu reißen, wie sie die Leute auf dem Lande machen.

Kaum saß man am Tisch, als die schwerfällige ländliche Fröhlichkeit wie ein Gewitter losbrach. Die beiden anderen Söhne wollten auch bald heiraten; ihre Bräute, die erst zum Essen gekommen waren, saßen nun dabei, und die Gäste machten unentwegt Anspielungen auf alle die zukünftigen Geschlechter, die man von diesen Verbindungen erwartete.

Derbe, gepfefferte Worte waren das, über welche die Mädchen errötend kicherten und die Männer sich vor Lachen krümmten. Sie schlugen mit der Faust auf den Tisch und brüllten. Vater und Großvater sparten nicht mit zweideutigen Witzen. Die Mutter lächelte; die alten Frauen nahmen ihren Teil von der allgemeinen Lustigkeit und machten ausgelassene Bemerkungen.

Der Pfarrer, an diese bäuerlichen Ausschweifungen gewöhnt, blieb ruhig neben der Wärterin sitzen und kitzelte mit dem Finger den Mund seines Neffen, um ihn zum Lachen zu bringen. Er schien überrascht vom Anblick dieses Kindes, als hätte er noch nie so etwas gesehen. Er betrachtete es mit gesammelter Aufmerksamkeit, mit träumerischem Ernst, mit einer ungeahnten, in seinem Innersten erwachten, seltsamen, lebhaften und etwas traurigen Zärtlichkeit für

peu triste, pour ce petit être fragile qui était le fils de son frère.

Il n'entendait rien, il ne voyait rien, il contemplait l'enfant. Il avait envie de le prendre encore sur ses genoux, car il gardait, sur sa poitrine et dans son cœur, la sensation douce de l'avoir porté tout à l'heure, en revenant de l'église. Il restait ému devant cette larve d'homme comme devant un mystère ineffable auquel il n'avait jamais pensé, un mystère auguste et saint, l'incarnation d'une âme nouvelle, le grand mystère de la vie qui commence, de l'amour qui s'éveille, de la race qui se continue, de l'humanité qui marche toujours.

La garde mangeait, la face rouge, les yeux luisants, gênée par le petit qui l'écartait de la table.

L'abbé lui dit:

– Donnez-le-moi. Je n'ai pas faim.

Et il reprit l'enfant. Alors tout disparut autour de lui, tout s'effaça; et il restait les yeux fixés sur cette figure rose et bouffie; et peu à peu, la chaleur du petit corps, à travers les langes et le drap de la soutane, lui gagnait les jambes, le pénétrait comme une caresse très légère, très bonne, très chaste, une caresse délicieuse qui lui mettait des larmes aux yeux.

Le bruit des mangeurs devenait effrayant. L'enfant, agacé par ces clameurs, se mit à pleurer.

Une voix s'écria:

– Dis donc, l'abbé, donne-lui à téter.

Et une explosion de rires secoua la salle. Mais la mère s'était levée; elle prit son fils et l'emporta dans la chambre voisine. Elle revint au bout de quelques minutes en déclarant qu'il dormait tranquillement dans son berceau.

Et le repas continua. Hommes et femmes sortaient de temps en temps dans la cour, puis ren-
146 traient se mettre à table. Les viandes, les légumes,
147 le cidre et le vin s'engouffraient dans les bouches,

dieses kleine, zerbrechliche Wesen, das der Sohn seines Bruders war.

Er hörte nichts, er sah nichts, er betrachtete das Kind. Am liebsten hätte er es auf die Knie genommen; denn auf seiner Brust und in seinem Herzen bewahrte er das schöne Gefühl, es eben noch auf dem Rückweg von der Kirche getragen zu haben. Dieses kleine Menschenwesen erschütterte ihn wie ein unaussprechliches Geheimnis, an das er nie gedacht hatte, ein erhabenes, heiliges Geheimnis, die Verkörperung einer neuen Seele, das große Geheimnis des beginnenden Lebens, der erwachenden Liebe, des weiterwachsenden Geschlechts und der immerzu fortschreitenden Menschheit.

Die Wärterin aß mit rotem Gesicht und glänzenden Augen, behindert durch den Kleinen, der sie vom Tisch trennte.

Der Pfarrer sagte zu ihr:

«Geben Sie ihn mir. Ich habe keinen Hunger.»

Und er nahm das Kind von neuem. Da verschwand alles um ihn, alles verwischte sich; er saß da und betrachtete unverwandt dieses rosige, pausbäckige Gesicht, und allmählich übertrug sich die Wärme des kleinen Körpers durch die Windeln und durch den Stoff der Soutane hindurch auf seine Beine und durchdrang ihn wie eine sehr leichte, sehr angenehme, sehr keusche Liebkosung, eine köstliche Liebkosung, die ihm Tränen in die Augen treten ließ.

Der Lärm der Schmausenden wurde fürchterlich. Das Kind, durch dieses Geschrei gestört, begann zu weinen.

Eine Stimme schrie:

«Hör mal, Pfarrer, gib ihm doch die Brust!»

Und eine Lachsalve erschütterte den Saal. Aber die Mutter war aufgestanden; sie nahm ihren Sohn und trug ihn in das Zimmer nebenan. Nach ein paar Minuten kam sie wieder herein und erklärte, daß er friedlich in seiner Wiege schlafe.

Die Mahlzeit nahm ihren Fortgang. Von Zeit zu Zeit gingen die Männer und Frauen auf den Hof; dann kamen sie wieder herein und setzten sich an den Tisch. Unmengen von Fleisch, Gemüse, Most und Wein wanderten in die Münder,

gonflaient les ventres, allumaient les yeux, faisaient délirer les esprits.

La nuit tombait quand on prit le café.

Depuis longtemps le prêtre avait disparu sans qu'on s'étonnât de son absence.

La jeune mère enfin se leva pour aller voir si le petit dormait toujours. Il faisait sombre à présent. Elle pénétra dans la chambre à tâtons; et elle avançait, les bras étendus, pour ne point heurter de meuble. Mais un bruit singulier l'arrêta net; et elle ressortit effarée, sûre d'avoir entendu remuer quelqu'un. Elle rentra dans la salle, fort pâle, tremblante, et raconta la chose. Tous les hommes se levèrent en tumulte, gris et menaçants; et le père, une lampe à la main, s'élança.

L'abbé, à genoux près du berceau, sanglotait, le front sur l'oreiller où reposait la tête de l'enfant.

blähten die Bäuche, brannten in den Augen und verwirrten die Geister.

Es wurde schon Nacht, als es Kaffee gab.

Längst war der Priester verschwunden, ohne daß seine Abwesenheit aufgefallen wäre.

Schließlich stand die junge Mutter auf, um zu sehen, ob der Kleine noch schlafe. Es war jetzt dunkel. Sie tastete sich in das Zimmer und ging mit ausgestreckten Armen, um nicht an ein Möbelstück zu stoßen. Da ließ ein seltsames Geräusch sie zusammenschrecken. Entsetzt stürzte sie hinaus, sicher, jemanden sich bewegen gehört zu haben. Sehr bleich und zitternd ging sie zurück in den Saal und erzählte die Sache. Alle Männer standen mit großem Lärm auf, betrunken und drohend; der Vater, eine Lampe in der Hand, stürzte voran.

Der Pfarrer kniete neben der Wiege, schluchzend, die Stirn auf dem Kissen, wo der Kopf des Kindes ruhte.

Le Creusot

Le ciel est bleu, tout bleu, plein de soleil. Le train vient de passer Montchanin. Là-bas, devant nous, un nuage s'élève, tout noir, opaque, qui semble monter de la terre, qui obscurcit l'azur clair du jour, un nuage lourd, immobile. C'est la fumée du Creusot. On approche, on distingue. Cent cheminées géantes vomissent dans l'air des serpents de fumée, d'autres moins hautes et haletantes crachent des haleines de vapeur; tout cela se mêle, s'étend, plane, couvre la ville, emplit les rues, cache le ciel, éteint le soleil. Il fait presque sombre maintenant. Une poussière de charbon voltige, pique les yeux, tache la peau, macule le linge.

Les maisons sont noires, comme frottées de suie, les pavés sont noirs, les vitres poudrées de charbon. Une odeur de cheminée, de goudron, de houille flotte, contracte la gorge, oppresse la poitrine, et parfois une âcre saveur de fer, de forge, de métal brûlant, d'enfer ardent, coupe la respiration, vous fait lever les yeux our chercher l'air pur, l'air libre, l'air sain du grand ciel; mais on voit planer là-haut le nuage épais et sombre, et miroiter près de soi les facettes menues du charbon qui voltige.

C'est le Creusot.

Un bruit sourd et continu fait trembler la terre, un bruit fait de mille bruits, que coupe d'instant en instant un coup formidable, un choc ébranlant la ville entière.

Entrons dans l'usine de MM. Schneider.

Quelle féerie! C'est le royaume du Fer, où règne Sa Majesté le Feu!

Du feu! on en voit partout. Les immenses bâtiments s'alignent à perte de vue, hauts comme des
150 montagnes et pleins jusqu'au faîte de machines qui
151 tournent, tombent, remontent, se croisent, s'agi-

Le Creusot

Der Himmel ist blau, ganz blau, voller Sonne. Eben ist der Zug durch Montchanin gefahren. Da unten, vor uns, steht tiefschwarz und undurchdringlich eine Wolke, die aus der Erde aufzusteigen scheint und den hellen Azur des Tages verdunkelt, eine schwere unbewegliche Wolke. Das ist der Rauch von Le Creusot. Man kommt näher und erkennt die Einzelheiten. Hundert riesige Schlote speien Rauchfahnen in die Luft, andere kleinere, stoßen keuchend ihren dampfenden Atem aus; das alles vermischt sich, breitet sich aus, schwebt, bedeckt die Stadt, erfüllt die Straßen, verhüllt den Himmel, verfinstert die Sonne. Fast dunkel ist es jetzt. Kohlenstaub wirbelt herum, sticht in die Augen, schlägt sich auf der Haut nieder, beschmutzt die Wäsche. Die Häuser sind schwarz, wie mit Ruß verputzt, die Pflastersteine schwarz, die Fensterscheiben mit Kohle bestäubt. Ein Gestank nach Schornstein, nach Teer, nach Steinkohle liegt in der Luft, schnürt die Kehle zu, lastet auf der Brust, und von Zeit zu Zeit benimmt ein Geruch nach Eisen, nach Schmiede, nach glühendem Metall, nach Höllenglut den Atem und läßt einen in die Höhe blicken, um die reine Luft, die frische Luft, die gesunde Luft des freien Himmels zu entdecken; aber man sieht dort oben nur die dichte, finstere Wolke schweben und in der Nähe die winzigen glitzernden Teilchen der herumwirbelnden Kohle flimmern.

Das ist Le Creusot.

Ein dumpfes, stetiges Geräusch macht die Erde erzittern, ein Geräusch aus tausend Geräuschen, das von Zeit zu Zeit durch einen gewaltigen Schlag unterbrochen wird, einen Anprall, unter dem die ganze Stadt erbebt.

Gehen wir in die Fabrik der Firma Schneider hinein.

Welch ein märchenhafter Anblick! Das Reich des Eisens, in dem Seine Majestät das Feuer regiert!

Feuer! Man sieht es überall. Die riesigen Gebäude folgen einander, so weit das Auge reicht, hoch wie Gebirge und bis unter das Dach angefüllt mit Maschinen, die sich drehen, niedersausen, wieder aufsteigen, sich begegnen, sich

tent, ronflent, sifflent, grincent, crient. Et toutes travaillent du feu.

Ici des brasiers, là des jets de flamme, plus loin des blocs de fer ardent vont, viennent, sortent des fours, entrent dans les engrenages, en ressortent, y rentrent cent fois, changent de forme, toujours rouges. Les machines voraces mangent ce feu, ce fer éclatant, le broient, le coupent, le scient, l'aplatissent, le filent, le tordent, en font des locomotives, des navires, des canons, mille choses diverses, fines comme des ciselures d'artistes, monstrueuses comme des œuvres de géants, et compliquées, délicates, brutales, puissantes.

Essayons de voir, et de comprendre.

Nous entrons, à droite, sous une vaste galerie où fonctionnent quatre énormes machines. Elles vont avec lenteur, remuant leurs roues, leurs pistons, leurs tiges. Que font-elles? Pas autre chose que de souffler de l'air aux hauts fourneaux où bout le métal en fusion. Elles sont les poumons monstrueux des cornues colossales que nous allons voir. Elles respirent, rien de plus; elles font vivre et digérer les monstres.

Et voici les cornues: elles sont deux, aux deux extrémités d'une autre galerie, grosses comme des tours, ventrues, rugissantes et crachant un tel jet de flamme qu'à cent mètres les yeux sont aveuglés, la peau brûlée, et qu'on halète comme dans une étuve.

On dirait un volcan furieux. Le feu qui sort de la bouche est blanc, insoutenable à la vue et projeté avec tant de force et de bruit que rien n'en peut donner l'idée.

Là dedans l'acier bout, l'acier Bessemer dont on fait les rails. Un homme fort, beau, jeune, grave, coiffé d'un grand feutre noir, regarde attentivement
152 l'effroyable souffle. Il est assis devant une roue
153 pareille au gouvernail d'un navire et parfois il la

bewegen, rattern, pfeifen, knirschen, kreischen. Und alle arbeiten sie mit Feuer.

Hier Feuerstellen, dort Flammengarben, etwas weiter hin glühende Eisenblöcke, die kommen und gehen, aus den Öfen herausrutschen, in das Räderwerk hineingeraten, wieder hervorschießen, hundertmal von neuem hineingleiten und ihre Form ändern, immer noch rotglühend. Die gefräßigen Maschinen verschlingen dieses Feuer, dieses blendend helle Eisen, zerquetschen es, schneiden es, sägen es, drücken es flach, ziehen es in die Länge, biegen es, machen Lokomotiven daraus, Schiffe, Kanonen, tausend verschiedene Gegenstände, fein wie von Künstlerhand getrieben, unförmig wie die Werke von Riesen, kompliziert und zerbrechlich oder brutal und mächtig.

Versuchen wir zu sehen und zu verstehen.

Wir betreten rechterhand eine weite Halle, in der vier gewaltige Maschinen arbeiten. Sie bewegen sich langsam, indem sie ihre Räder, ihre Kolben, ihre Gestänge betätigen. Was tun sie? Nichts anderes, als den Hochöfen, in denen das geschmolzene Metall brodelt, Luft einzublasen. Sie sind die ungeheuren Lungen der riesigen Birnen, die wir gleich sehen werden. Sie atmen, das ist alles; sie lassen diese Ungetüme leben und verdauen.

Da sind die Birnen: zwei sind es, an den beiden Enden einer anderen Halle, groß wie Türme und bauchig; brüllend speien sie eine solche Flammengarbe aus, daß einem noch auf hundert Meter die Augen geblendet sind und die Haut brennt. Man ringt nach Atem wie in einem Schwitzbad.

Ein wütender Vulkan, möchte man meinen. Das Feuer, das aus der Öffnung kommt, ist weiß, unerträglich für die Augen. Es wird mit solcher Kraft und solchem Lärm hinausgeschleudert, daß kein Vergleich eine Vorstellung davon geben kann.

Da drinnen brodelt der Stahl, der Bessemerstahl, aus dem die Schienen gemacht werden. Ein kräftiger Mann, schön, jung, ernst, einen großen schwarzen Filzhut auf dem Kopf, betrachtet aufmerksam das entsetzliche Tosen. Er sitzt vor einem Rad, das so ähnlich aussieht wie das Steuerruder

fait tourner à la façon des pilotes. Aussitôt la colère de la cornue augmente; elle crache un ouragan de flammes, c'est que le chef fondeur vient d'augmenter encore le monstrueux courant d'air qui la traverse.

Et, toujours pareil à un capitaine, l'homme, à tout moment, porte à ses yeux une jumelle pour considérer la couleur du feu. Il fait un geste; un wagonnet s'avance et verse d'autres métaux dans le brasier rugissant. Le fondeur encore consulte les nuances des flammes furieuses, cherchant des indications, et, soudain, tournant une autre roue toute petite, il fait basculer la formidable cuve. Elle se retourne lentement, crachant jusqu'au toit de la galerie un terrifiant jet d'étincelles; et elle verse, délicatement, comme un éléphant qui ferait des grâces, quelques gouttes d'un liquide flamboyant dans un vase de fonte qu'on lui tend, puis elle se redresse en rugissant.

Un homme emporte ce feu sorti d'elle. Ce n'est plus maintenant qu'un lingot rouge qu'on dépose sous un marteau mû par la vapeur. Le marteau frappe, écrase, rend mince comme une feuille le métal ardent qu'on refroidit aussitôt dans l'eau. Une pince alors le saisit, le brise; et le contremaître examine le grain avant de donner l'ordre: «Coulez!»

La cornue aussitôt se renverse de nouveau, et, comme un valet qui emplirait des verres autour d'une table, elle verse le flot flamboyant d'acier qu'elle porte en ses flancs dans une série de récipients de fonte déposés en rond autour d'elle.

Elle semble se déplacer d'une façon naturelle, toute simple, comme si une âme l'animait. Car il suffit, pour remuer ces engins fantastiques, pour leur faire accomplir leur œuvre, les faire aller, ve-
154 nir, tomber, se redresser, tourner, pivoter, il suffit
155 de toucher à des leviers gros comme des cannes,

eines Schiffes, und dreht von Zeit zu Zeit daran wie ein Steuermann. Sogleich nimmt die Wut der Birne zu; sie speit einen wahren Flammensturm aus: der Gießmeister hat den ungeheuren Luftstrom, der durch sie hindurchgeht, noch verstärkt.

Und, immer noch wie ein Schiffsführer, hebt der Mann alle Augenblicke ein Fernglas an die Augen, um die Flammenfärbung zu prüfen. Er macht eine Handbewegung; ein kleiner Wagen rollt heran und gießt andere Metalle in die brüllende Glut. Der Gießer betrachtet wiederum die kleinen Veränderungen der wütenden Flammen, sucht nach irgendwelchen Anzeichen, und plötzlich läßt er, indem er ein anderes, kleineres Rad dreht, den gewaltigen Behälter kippen. Er dreht sich langsam und speit einen beängstigenden Funkenstrahl bis zum Dach der Halle; dann gießt er vorsichtig wie ein Elefant, der sich freundlich zeigen will, ein paar Tropfen einer brennenden Flüssigkeit in ein gußeisernes Gefäß, das ihm vorgehalten wird, und richtet sich brüllend wieder auf.

Ein Mann holt dieses Feuer, das da herausgeflossen ist. Es ist jetzt nur noch ein roter Barren, der unter einen mit Dampf betriebenen Hammer gelegt wird. Der Hammer schlägt und zerquetscht das glühende Metall, macht es dünn wie ein Blatt. Gleich darauf wird es in Wasser gekühlt. Dann wird es von einer Zange gefaßt und zerbrochen, und der Werkmeister prüft das Korn, bevor er den Befehl gibt: «Gießen!»

Schon kippt die Birne von neuem, und wie ein Diener, der einer Tischrunde die Gläser einschenkt, gießt sie den brennenden, flüssigen Stahl, den sie in ihrem Inneren trägt, in eine Reihe von gußeisernen Behältern, die um sie herum aufgestellt sind.

Sie scheint sich ganz natürlich zu bewegen, ganz selbstverständlich, als wäre sie von einer Seele belebt. Denn um diese phantastischen Maschinen zu betätigen, um sie ihre Arbeit verrichten, kommen und gehen, fallen und wieder aufstehen, sich drehen und kippen zu lassen, braucht man nur spazierstockgroße Hebel zu berühren und auf Knöpfe

d'appuyer sur des boutons pareils à ceux des sonnettes électriques. Une force, un génie étrange semble planer, qui gouverne les gestes pesants et faciles de ces surprenants appareils.

Nous sortons, le visage rôti, les yeux sanglants.

Voici deux tours de briques, en plein air, trop hautes pour tenir sous un toit. Une chaleur insoutenable s'en dégage. Un homme, armé d'un levier de fer, les frappe au pied, fait tomber une sorte d'enduit, creuse plus profondément. Et bientôt apparaît une lueur, un point clair. Deux coups encore et un ruisseau, un torrent de feu s'élance, suit des canaux creusés dans la terre, va, vient, coule toujours. C'est la fonte, la fonte brute en fusion. On suffoque devant ce fleuve effrayant, on fuit, on entre dans les hauts bâtiments où sont faites les locomotives et les grandes machines des navires de guerre.

On ne distingue plus, on ne sait plus, on perd la tête. C'est un labyrinthe de manivelles, de roues, de courroies, d'engrenages en mouvement. A chaque pas on se trouve en face d'un monstre qui travaille du fer rouge ou sombre. Ici ce sont des scies qui divisent des plaques larges comme le corps; là des pointes pénètrent dans des blocs de fonte et les percent ainsi qu'une aiguille qui entre en du drap; plus loin, un autre appareil coupe des lamelles d'acier comme des ciseaux feraient d'une feuille de papier. Tout cela marche en même temps avec des mouvements différents, peuple fantastique de bêtes méchantes et grondantes. Et toujours on voit du feu sous les marteaux, du feu dans des fours, du feu partout, partout du feu. Et toujours un coup formidable et régulier dominant le tumulte des roues, des chaudières, des enclumes, des mécaniques de toutes sortes, fait trembler le sol. C'est le gros pi-
156 lon du Creusot qui travaille.
157 Il est au bout d'un immense bâtiment qui en

zu drücken, die aussehen, als gehörten sie zu elektrischen Klingeln. Eine besondere Kraft, ein seltsamer Dämon scheint hier zu herrschen, der die plumpen und doch grazilen Bewegungen dieser erstaunlichen Apparate lenkt.

Mit erhitzten Gesichtern und blutunterlaufenen Augen gehen wir hinaus.

Da stehen zwei Türme aus Ziegelsteinen, im Freien, zu hoch, um unter ein Dach zu passen. Eine unerträgliche Hitze geht von ihnen aus. Ein Mann mit einer Eisenstange stößt unten dagegen, schlägt eine Art Verputz ab, bohrt tiefer. Bald darauf erscheint ein Licht, ein heller Punkt. Noch zwei Stöße, und ein Bach, ein reißender, feuriger Strom schießt heraus, folgt einem Netz von in die Erde gegrabenen Kanälen, hierhin und dorthin, fließt immer weiter. Das ist Gußeisen, flüssiges Roheisen. Man ringt nach Atem angesichts dieses fürchterlichen Flusses, man flieht und gerät in die hohen Gebäude, in denen die Lokomotiven und die großen Maschinen der Kriegsschiffe gebaut werden.

Man unterscheidet nichts mehr, weiß nicht mehr wohin, verliert den Kopf. Es ist ein Labyrinth von Kurbeln, Rädern, Riemen und Getrieben, die sich in Bewegung befinden. Auf Schritt und Tritt steht man vor einem Ungetüm, das rotglühendes oder dunkles Eisen verarbeitet. Hier sind es Sägen, die mannsdicke Platten zerteilen, dort fressen sich Bohrer in Gußeisenblöcke und durchdringen sie wie eine Nadel, die in Tuch sticht; ein anderer Apparat schneidet Stahlbleche wie eine Schere ein Blatt Papier. Das alles arbeitet zur gleichen Zeit mit verschiedenen Bewegungen, eine phantastische Herde von bösartigen und knurrenden Tieren.

Und immer wieder sieht man Feuer unter den Hämmern, Feuer in den Öfen, Feuer überall, überall Feuer. Und immer wieder läßt ein regelmäßig erfolgender gewaltiger Schlag, der den Lärm der Räder, der Kessel, der Ambosse und all der Maschinen übertönt, den Boden erzittern. Das ist der große Schmiedehammer von Le Creusot bei der Arbeit.

Er steht am Ende eines riesigen Gebäudes, das noch zehn

contient dix ou douze autres. Tous s'abattent de moment en moment sur un bloc incandescent qui lance une pluie d'étincelles et s'aplatit peu à peu, se roule, prend une forme courbe ou droite ou plate, selon la volonté des hommes.

Lui, le gros, il pèse cent mille kilos, et tombe, comme tomberait une montagne, sur un morceau d'acier rouge plus énorme encore que lui. A chaque choc un ouragan de feu jaillit de tous les côtés, et l'on voit diminuer d'épaisseur la masse que travaille le monstre.

Il monte et redescend sans cesse, avec une facilité gracieuse, mû par un homme qui appuie doucement sur un frêle levier; et il fait penser à ces animaux effroyables, domptés jadis par des enfants, à ce que disent les contes.

Et nous entrons dans la galerie des laminoirs. C'est un spectacle plus étrange encore. Des serpents rouges courent par terre, les uns minces comme des ficelles, les autres gros comme des câbles. On dirait ici des vers de terre démesurés, et là-bas des boas effroyables. Car ici on fait des fils de fer et là-bas les rails pour les trains.

Des hommes, les yeux couverts d'une toile métallique, les mains, les bras et les jambes enveloppés de cuir, jettent dans la bouche des machines l'éternel morceau de fer ardent. La machine le saisit, le tire, l'allonge, le tire encore, le rejette, le reprend, l'amincit toujours. Lui, le fer, il se tortille comme un reptile blessé, semble lutter, mais cède, s'allonge encore, s'allonge toujours, toujours repris et toujours rejeté par la mâchoire d'acier.

Voici les rails. Impuissante à résister, la masse rougie, opaque et carrée de Bessemer s'étend sous l'effort des mécaniques et, en quelques secondes, devient un rail. Une scie géante le coupe à sa lon-
158 gueur exacte, et d'autres suivent sans fin, sans que
159 rien arrête ou ralentisse le formidable travail.

oder zwölf weitere Hämmer enthält. Jeder saust immer wieder auf einen glühenden Block hinunter, der einen Funkenregen aussprüht und langsam dünner wird, sich rundet, eine gebogene oder gerade oder flache Form einnimmt – nach dem Willen der Menschen.

Er, der große Hammer, wiegt hunderttausend Kilo; er fällt wie ein Gebirge auf ein Stück roten Stahls, das noch größer ist als er selbst.

Bei jedem Schlag faucht ein Feuersturm nach allen Seiten, und man sieht, wie die Dicke der Masse, die der Bär bearbeitet, abnimmt.

Ohne Unterlaß steigt er auf und fällt wieder hinunter, mit graziöser Leichtigkeit, bewegt von einem Mann, der leicht auf einen zerbrechlichen Hebel drückt, und erinnert an die gräßlichen Untiere, die einst von Kindern gezähmt wurden, wie es die Märchen erzählen.

Und wir treten in die Halle der Walzstraßen ein. Das ist ein noch seltsamerer Anblick. Rote Schlangen gleiten über den Boden, die einen dünn wie Bindfäden, andere dick wie Kabel. Hier glaubt man überlange Regenwürmer und dort furchtbare Boas zu sehen. Denn hier werden Drähte und dort Eisenbahnschienen gemacht.

Männer mit einem Metallgeflecht vor den Augen, Hände, Arme und Beine mit Leder umhüllt, werfen das endlose Stück glühenden Eisens in die Öffnung der Maschinen. Die Maschine packt es, zieht daran, streckt es, zieht von neuem, wirft es heraus, holt es sich wieder, macht es immer dünner. Das Eisen krümmt sich wie ein verletztes Reptil, scheint sich zu wehren, gibt aber nach, wird länger, immer länger, immer wieder erfaßt und ausgestoßen von dem stählernen Kiefer.

Da sind die Schienen. Ohne Widerstand bieten zu können, streckt sich die rötliche, dunkle und viereckige Masse des Bessemerstahls unter dem Druck der mechanischen Kräfte und wird in wenigen Sekunden zur Schiene. Eine riesige Säge schneidet sie auf die genaue Länge, und unablässig folgen andere, ohne daß irgend etwas diese gewaltige Arbeit anhalten oder verlangsamen könnte.

Nous sortons enfin, noirs nous-mêmes comme des chauffeurs, épuisés, la vue éteinte. Et sur nos têtes s'étend le nuage épais de charbon et de fumée qui s'élève jusqu'aux hauteurs du ciel.

Oh! quelques fleurs, une prairie, un ruisseau et de l'herbe où se coucher sans pensée et sans autre bruit autour de soi que le glissement de l'eau ou le chant du coq, au loin!

Endlich kommen wir heraus, selber schwarz wie Heizer, erschöpft, mit erloschenem Blick. Und über unseren Köpfen dehnt sich die dichte Wolke von Kohle und Rauch hoch bis in den Himmel.

Oh! Ein paar Blumen, eine Wiese, ein Bach und Gras, um sich darauf hinzulegen, ohne zu denken und ohne ein anderes Geräusch rings umher als das Fließen des Wassers oder das Krähen eines Hahns in der Ferne!

Guy de Maupassant wurde 1850 auf Schloß Miromesnil bei Dieppe in der Normandie geboren. Er zog schon in jungen Jahren nach Paris. Als Sohn einer reichen Adelsfamilie konnte er sich, von einer nicht ernst genommenen Beamtenzeit nach kurzem Jurastudium abgesehen, ganz seinen Interessen widmen. Der Vater kümmerte sich nicht um die Familie; Erzieher war die Mutter, Lehrmeister der mit der Mutter befreundete Gustave Flaubert.

Maupassant gehörte zum Kreis um Emile Zola, zur «Gruppe von Médan». Sechs der hier verbundenen «naturalistischen» Schriftsteller gaben 1880 einen Band heraus, der je eine Novelle von ihnen enthielt. Maupassants Beitrag war *Boule-de-Suif*. Auf diese erste Veröffentlichung hin boten ihm die größten Tageszeitungen, «Le Gaulois», «Le Gil Blas», «Le Figaro» sofort lukrative Verträge an für Erzählungen von ungefähr zweihundert Zeilen, wie sie der Leser damals von seinem Blatt erwartete. Maupassant wurde, häufig unter Pseudonym, ein fleißiger Lieferant; neben Romanen (*Bel-Ami, Une Vie* u. a.) schrieb er ungefähr zweihundertfünfzig Geschichten in den zehn Jahren, die ihm bis zu den ersten syphilitischen Wahnvorstellungen (1891) und zum elenden Tod in der Irrenanstalt (1893) blieben. Erst später wurden diese Texte in Sammelbänden (z. B. *La Maison Tellier, Les Contes de la Bécasse, Mademoiselle Fifi*) zusammengefaßt.

Wichtige Aspekte im Schaffen Maupassants, das sich durch literarhistorische Begriffe so schwer charakterisieren läßt (manche denken an die Freundschaft mit Flaubert und sprechen von «Realismus», andere bewerten den Einfluß Zolas höher und meinen die Sache mit «Naturalismus» zu treffen), klingen in unserer Auswahl zumindest an: *Le Gâteau* führt in die ironisch dargestellte, Maupassants eigener Eitelkeit aber verlockend schmeichelnde Salonwelt des Fin de siècle. *A Cheval*, das wenig bekannte Gegenstück zur Lesebuchgeschichte *La Parure*, stellt die vom Autor oft geschilderte ausweglose Lage gegenüber einem Schicksalsschlag dar, der in einer Zeit ohne «soziales Netz» ja in der Tat die Existenz ständig bedrohte. *Le Testament* mit den überdeut-

lichen autobiographischen Anspielungen ist bezeichnend für den Muttersohn Guy. Die tragische Erzählung *La Rempailleuse* zeigt, welch monströser Egoismus hinter der Fassade der Wohlanständigkeit stecken kann – wobei die Rahmenhandlung bezeichnenderweise da spielt, wo sich der bemühte Snob Maupassant wohlfühlte. *Regret*, *La Relique* und *Au Bois* stehen für Variationen von Liebe, bei der die Frau ein grundsätzlich nicht ernst zu nehmendes Wesen ist, an dem man indessen aus vielen – stets sarkastisch zu betrachtenden – Gründen leiden kann («Les femmes ont les cheveux longs et les idées courtes», zitierte Maupassant gern den nie gelesenen, aber in modischer Verkürzung geschätzten Schopenhauer). Der Krieg von 1870/71, der etliche Novellen Maupassants beherrscht, ist in *Un Coup d'Etat* der Hintergrund für eine lustige Geschichte aus einem Landstädtchen, in der die Verachtung für die Philister besonders deutlich wird. Mit *Le Petit Fût* und *Le Baptême* sind die vielen Bauerngeschichten aus der heimatlichen Normandie so vertreten, daß des Autors nostalgischen Empfindungen, aber auch sein Blick für die brutale Selbstsucht der Menschen zu ihrem Recht kommen. *Le Creusot* schließlich, 1883 an Stelle einer Erzählung in «Le Gil Blas» veröffentlicht, zeigt das Interesse an der neuen Welt: ein wirklich «naturalistisches», sehr eindrucksvolles Bild, wie es sich dem Nichttechniker Maupassant bot.

Vielleicht sollte man die Geschichten vorlesen oder sich zumindest so vorgelesen denken, wie sie im letzen Jahrhundert ohne Massenmedien häufig konsumiert wurden. Die Rahmenhandlung so vieler Texte jener Zeit, daß nämlich einer ein hörenswertes Vorkommnis erzählt, aufgefundene Briefe zur Kenntnis gibt oder eine Lebensbeichte ablegt, ist ja kein bloßer Kunstgriff, sondern auch ein Zeugnis für ein heftiges Bedürfnis nach Mitteilung, Belehrung und Unterhaltung aus erster und zweiter Hand. Flaubert hat seinem Schüler Maupassant einmal geraten: «Geh spazieren und sag mir in hundert Zeilen, was du gesehen hast.» Bericht erstatten über das, was man dank trainierter Beobachtungsgabe und gezügelter Phantasie vor sich sieht: darin besteht nach

einer solchen Ästhetik die Aufgabe des Profi-Schriftstellers. Eben diese Diskretion des Schreibenden, der allein auf die Wirkung des gekonnt Beschriebenen setzt, hat dafür gesorgt, daß Maupassants Erzählungen noch hundert Jahre später informativ und wahr sind, zugleich Zeitkolorit und zeitlose Menschenschicksale bieten. Andererseits hat die hochmütige Weigerung, sich «einzubringen» oder das eigene Schaffen auch nur als nennenswerten Beitrag zur Literatur anzusehen, dazu geführt, daß dieser Schriftsteller keine Schule gemacht hat, daß es zwar viele Gesellschaften gibt, die sich in Vorträgen und Zeitschriften mit Stendhal, Balzac, Baudelaire oder Flaubert beschäftigen, eine bescheidene «Association des Amis de Guy de Maupassant» dagegen nur ein kurzes Leben hatte. Um so eindrucksvoller sorgen die unendlich vielen Maupassant-Leser in der ganzen Welt, gerade außerhalb Frankreichs, für die Unsterblichkeit des großen Geschichtenerzählers.

ufm

In der Taschenbuchreihe dtv zweisprachig gibt es folgende französisch-deutschen Bände (Stand Frühjahr 1989):

Honoré de Balzac: Novelles exemplaires / Meistererzählungen. – dtv 9250

Albert Camus: Les Muets. L'Hôte / Die Stummen. Der Gast. Erzählungen. – dtv 9105

Giacomo Casanova: Ma fuite des plombs de Venise / Meine Flucht aus den Bleikammern von Venedig. – dtv 9256

Alphonse Daudet: Lettres de mon Moulin / Briefe aus meiner Mühle. – dtv 9221

Jean Giraudoux: Petits Contes / Pariser Geschichten. – dtv 9228

Guy de Maupassant: Nouvelles Classiques / Meistererzählungen. – dtv 9246

Blaise Pascal: Le Cœur et ses Raisons. Pensées / Logik des Herzens. Pensées. – dtv 9169

Antoine de Saint-Exupéry: Le Désert. Les Camarades / Die Wüste. Die Kameraden. Aus «Terre des Hommes». – dtv 9103

George Sand: Correspondance / Briefe. – dtv 9234

Georges Simenon: Maigret et l'Inspecteur Malgracieux / Maigret und der brummige Inspektor.– Kriminalnovelle. – dtv 9014

Voltaire: 20 Articles du Dictionnaire Philosophique Portatif / 20 Artikel aus dem Philosophischen Taschenwörterbuch. – dtv 9213

Premier Livre / Erste französische Lesestücke. Illustriert. – dtv 9238

Nouvelles Exemplaires / Französische Meister-Erzählungen. Balzac, Daudet, Flaubert, France, Maupassant, Stendhal, Zola. – dtv 9192

Choix de Nouvelles Classiques / Klassische französische Erzählungen. Diderot, Madame de La Fayette, Marivaux, Marguerite de Navarre, Paul Scarron, Voltaire. – dtv 9054

Choix de Nouvelles Modernes / Moderne französische Erzählungen. Colette, Daudet, Flaubert, France, Giraudoux, Hugo, Maupassant, Mérimée, Proust, Zola. – dtv 9034

Choix de Nouvelles Contemporaines / Zeitgenössische französische Erzählungen. Arland, Cesbron, Cocteau, Dorgelès, Fougère, Giono, Maurois, Supervielle. – dtv 9038

Parler d'Amour / Französische Liebesgeschichten. Balzac, Chateaubriand, Daudet, France, Mallarmé, Maupassant, Stendhal, Verlaine, Zola. – dtv 9209

L'Amour? Parlons-en . . . / Moderne französische Liebesgeschichten. Aragon, Berry, Cocteau, Colette, Dorgelès, Giono, Giraudoux, Guitry, Mauriac, Maurois, Philipe, Prévert, Ramuz, Rochefort, Vian. – dtv 9218

L'Art de Vivre. Citations françaises / Die Kunst zu leben. Französische Zitate. – dtv 9226

Proverbes français / Französische Sprichwörter. Illustriert. – dtv 9161